中年好友苏东坡

水姐 —— 著

中国轻工业出版社

图书在版编目（CIP）数据

中年好友苏东坡 / 水姐著 . — 北京：中国轻工业出版社，2022.12

ISBN 978-7-5184-3710-8

Ⅰ.①中… Ⅱ.①水… Ⅲ.①苏东坡（1036-1101）—评传 Ⅳ.① K825.6

中国版本图书馆 CIP 数据核字（2021）第 220223 号

责任编辑：秦　功　朱利利　　责任终审：劳国强　　整体设计：锋尚设计
策划编辑：秦　功　　　　　　责任校对：宋绿叶　　责任监印：张京华

出版发行：中国轻工业出版社（北京东长安街6号，邮编：100740）
印　　刷：北京君升印刷有限公司
经　　销：各地新华书店
版　　次：2022年12月第1版第4次印刷
开　　本：710×1000　1/16　印张：14.25
字　　数：100千字
书　　号：ISBN 978-7-5184-3710-8　定价：48.00元
邮购电话：010-65241695
发行电话：010-85119835　传真：85113293
网　　址：http://www.chlip.com.cn
Email：club@chlip.com.cn
如发现图书残缺请与我社邮购联系调换
221594W2C104ZBW

· 阅读指南 ·

本书主要是为了治愈而作。
第一部分是：信。
第二部分是：药方。

消费主义社会常说，
要投资自己、爱自己，
但这也许是个陷阱。
而修养、磨砺、疗愈自己，
才低耗、环保、可持续。

乌卡（VUCA）时代①，
事业和人生各个阶段都得打怪、迈坎，
要有个"苏东坡操作系统"维护着，
以便获得一点成就感、平衡感和超越感。

水姐有信，东坡有药。
性命自得，愿你心安。

---

① 乌卡时代（VUCA），是volatile, uncertain, complex, ambiguous的缩写。四个单词分别是易变不稳定、不确定、复杂和模糊的意思。乌卡时代是一个具有现代概念的词，是指我们正处于一个充满易变性、不确定性、复杂性、模糊性的世界里。

药方

第一方　治失眠　/ 83
第二方　食酒疗　/ 87
第三方　慰心态　/ 94
第四方　善理财　/ 97
第五方　连续创　/ 100
第六方　转绝境　/ 104
第七方　抗衰老　/ 106
第八方　泯恩仇　/ 110
第九方　医孤独　/ 115
第十方　疗遗憾　/ 119
第十一方　治困顿　/ 122
第十二方　愈失控　/ 127
第十三方　愈不安　/ 132
第十四方　治颓废　/ 135
第十五方　疗虚空　/ 140
第十六方　治怀疑　/ 144

附录　东坡身边的人们　/ 151
　　苏洵　/ 151
　　程氏　/ 156
　　欧阳修　/ 159
　　苏辙　/ 164
　　王朝云　/ 170
　　秦观　/ 176
　　苏迈、苏过　/ 180
参考文献　/ 184
后记　/ 187
东坡心药　/ 191

目 录

信

第一封　在一个叫苏东坡的入口等你　/ 3

第二封　「我所有走过的路把我带到这里」　/ 7

第三封　男人心比女人心还复杂　/ 12

第四封　中年女人需要东坡风度　/ 16

第五封　东坡是儒释道乐观集成供应商　/ 20

第六封　山河无尽，万里初心　/ 29

第七封　东坡是硬汉会兵法　/ 36

第八封　东坡五绝，身以竹化　/ 42

第九封　东坡性格与企业家精神六通　/ 47

第十封　用活活泼泼的灵魂反内卷　/ 53

第十一封　在文本与现实日益交织的世界存在　/ 56

第十二封　热爱生命不「拼命」　/ 60

第十三封　做个有心没有愿的人　/ 65

第十四封　找个东坡式的增量盘活自己　/ 69

第十五封　四月的纪念，江海寄余生　/ 72

第十六封　把三十岁过三十年　/ 77

信

第一封　在一个叫苏东坡的入口等你

朋友：

你好。

谢谢你翻开这本书，开始这段阅读的缘分。

为什么第一部分要采取书信的格式，一是因为，我想把我经历的、学到的、体会到的事情，不徐不疾地分享给你。而信，是种很好的载体和形式。

其实，对于写作者而言，为什么以这样的方式、这样的风格写，以怎样的开篇、怎样的组合，都似人生本身，已知和未知交织在一起，如风中的花朵。若是有一阵清风，我想读着信的感觉，应该是很好的吧。

二是因为，这个年代，你和我几乎都收不到什么长信了，特别是手写的。长信，如河流和巷子一般，都具有一种"悠长感"。生活中悠长的一切，我都喜欢。希望你也喜欢。

我觉得人生第一重要的课题，就是无论发生什么事，都好好地找各种方式活下去，并且活好一点。

我在那个疫情大暴发、不确定性肆虐的2020年，也遭受了些无法预测的生离死别的痛苦，也不知道为什么突然就在公众号上写起了"中年好友苏东坡"系列，而且一写就停不住了。

可能是我们需要治愈的时候，就会遇到苏东坡吧。这个时代的高感性的我们，需要他这样的人吧？

季羡林曾写他与东坡词的关系，他得了老年性白内障，在去医院动手术的路上，忐忑不安，就一直在"单曲循环"背诵苏东坡的《水调歌头·明月几时有》——"明月几时有，把酒问青天，不知天上宫阙，今夕是何年……"

在手术的过程中，又在默诵苏东坡的《浣溪沙·缥缈红妆照浅溪》："缥缈红妆照浅溪。薄云疏雨不成泥。送君何处古台西。废沼夜来秋水满，茂林深处晚莺啼。行人肠断草凄迷。"

他也不知道为什么，背着诵着，就感觉有一股力量在推着。我感觉，写作苏东坡的过程，也推着我逐渐走出了恐惧和悲观。

在写作过程中，不少读者的鼓励和支持让我有了写下去的动力，我在公众号上更新了共五十余次，历时近一年。

通过写苏东坡，我认识了不少新的朋友。既有在我人生最灰暗的时候帮助我的贵人们，也有我很久以来的读者。我觉得我亦是幸运的，充满了感激之情。

苏东坡是个入口，是个缘分和生命新阶段的入口。

苏东坡，中国人光是提起这个名字，都会会心一笑。

在人生的中年要开始的时候，好像苏东坡就在那一处等着我们。有一个地方，就叫"苏东坡入口"。我在这里等你。

我理解的中年，范围可能比较宽，大约从30岁到60岁吧，那种开始上有老下有小的年纪。

其实，在十几岁二十几岁的时候，我都不怎么读他的诗词。过了三十岁，突然间就亲近了，觉得他像一个老朋友。所以，没有基础和沉淀也没有关系。读苏东坡对于人生而言，什么时候都不晚。而我写他的过程，也是整理自己的心的过程。

起先我是为了疗愈自己,在这个过程中,不少朋友也觉得有所获益,我就觉得,这是一件好事情,就坚持了下来。

现在也开始结集了。开篇的第一封信就当成序言吧。再次感谢在这个过程中对我帮助过的所有人。

活着活着,才慢慢地懂了点自己,也懂了点生活。我原来是战略咨询师,常跟各行各业的人接触,后来又当了财经媒体人,还是跟各种人接触。

我特别喜欢写人物,古代的、现代的,男的、女的,只要有思想、有才华、有历程、有底蕴、有故事的,我都喜欢。

写人物有个好处,就是你知道世界上已经存在过多种多样的时代、困境、突围和活法。当你遇到问题的时候,处处都有启发。

人生是个大的数据库、大的内容库。在这个万物互联的年代,感情和关系却在脱节。人与人之间更加孤立,个人其实更加孤独。

通过研究人、写人的这种方式,可以重新找回人之间的借鉴力、结合力、张力,等等。

在这个科技与人文大发展的时代,你或许也觉得人可以活得更丰富,体察人生的领域和角度应该更多元,可以活得更有审美、志趣和风度,如东坡一样,穷达时皆丰富,男女皆该如此。

苏东坡是一个很好的入口。在很多方面。他写过很多的人,做过很多的事,有大得亦有大失,经历过很多曲折,在宦海浮浮沉沉,中年丧妻又丧子……他的一世仿佛活了别人的好几世。

他了解人,比我们更懂人心、人生、人性。

他写过李白、杜甫、韩愈、欧阳修、陶渊明、白居易……他是一个核心,经由他,你更了解别人的人生。他用自己的一部分能力,集中力量去观察别人的人生,审视自己的内心，这是一个有趣的事情。

通过写苏东坡，我认识了更多的人。所以，我觉得这也是一件有"人生感"的事情。

通过写人，你会觉得，哦，这些事他们都经历过了。哦，人生的意义挺容易陷入枯萎的。人生不过就是这样。但人生的意义，找找其实一直都在。

苏东坡懂的那么多，琴棋书画，文治武功，酿酒做菜，懂政治也懂生活，懂理财懂房子也懂育儿。他总能化敌为友，知己亦多，他开创了新的书法和文人画，又总是能搞点发明创造。他还做公益和慈善，能把苦闷和潇洒兼容得这么好……

现代中年人，面对变幻多端、选择丰盛，在多种诱惑和恐惧并存的时代，需要什么都会、什么都能扛，才能在这个时代中屹立不倒……苏东坡给了我们极好的示范。

他几乎什么都懂一些，各种各样的事物都可以成为他研究的对象。开始门槛很低，研究深了又很高级，形成习惯和爱好之后，很适合长时间的相伴。当你悲伤难过的时候，也许读10万字、写1万字、背1000字你喜欢的一个人的作品，你就心安了。

我用我自己浅薄的人生，容纳了一些本不属于我人生的东西，当成中年的改进和精进。所谓人应该终生学习，该学习的不仅仅是一些知识，更重要的，大概就是活好这辈子的智慧吧。

祝好！

水姐

第二封 「我所有走过的路把我带到这里」

朋友：

你好。

我们先一起来简单梳理一下苏东坡的一生。

根据衣若芬教授的《陪你去看苏东坡》中关于他生平的记录，再补充一些细节，我梳理一下他人生的重要节点，大致是这样的：

1037年1月8日，苏轼出生在眉州眉山。

1056年，苏轼考了发解试的第二名。（注：发解试是宋代科举考试中的初级考试，只有发解试合格，士人才有机会参加省试乃至于殿试。）

1057年，苏轼参加省试，欧阳修误认为苏轼的文章为学生曾巩所写，遂把他列为第二。不过不影响苏轼兄弟顺利通过省试和殿试。但遇到母亲程夫人病逝，于是匆忙返乡奔丧。

1061年，苏轼结束三年丁忧重回京师，参加秘阁考试制科和仁宗皇帝亲试的制科，苏轼获三等，苏辙获四等，第一和第二是虚设。苏轼授大理评事，签书凤翔节度判官（正八品）。

1065年，苏轼还朝，判登闻鼓院。后直史馆。

1066年，苏洵在京师病逝，苏轼扶柩归葬眉山。

1069年，苏轼再度还朝。后以直史馆权开封府推官（从六品）。

1071年，因新旧党争受劾，苏轼请求外任，到杭州任通判。

1074年，任密州知州（从六品）。

1077年，任徐州知州。

1079年，在湖州知州任上发生乌台诗案，被贬黄州。

1084年，结束黄州贬谪生涯，在常州置办养老事宜。

1085年，短暂任登州知州。然后，回到开封，任中书舍人（正四品）、翰林学士、知制诰兼侍读等职。

1089年，再任杭州知州。

1091年，被召回朝，又因政见不合，调往颍州任知州。

1092年初春，任扬州知州。

1092年11月，返京任端明殿学士兼翰林侍读学士（正三品）、礼部尚书（从二品）。

1093年9月，出知定州。

1094年，被贬宁远节度副使，再被贬惠州。

1097年，被贬海南儋州。

1101年8月24日，在常州病逝。

他的人生，是一条倒U形曲线。有过高峰，又到低谷，有生机，也有坠毁，最后没有再起来。他有过如此辉煌的过往，也能过那种快饿死的日子，人生其实拼的是韧性。世俗之极大的成功和极大的挫败都经历了，就可以真正谈平常心了。

正如林语堂所评价的，苏东坡虽然饱经忧患拂逆，从礼部尚书一路被贬至海南儋州，做三年不发俸禄的"琼州别驾"，但他的人性愈发温和厚道，而不是变得尖酸刻薄。

"心似已灰之木，身如不系之舟。问汝平生功业，黄州惠州儋州。"苏东坡这样总结自己的人生。

他觉得自己的人生成就，来自他受苦受难的地方。如果看到人生有长长的漂泊无定之路，却有这辈子最好的修行，他还愿意重新走一遍吗？我想他会愿意的。

他的足迹遍布了很多地方，在每个地方都留下了自己的印记，当时的印记变成了未来的文化。

走到哪儿，都能就地取材，经过"东坡化"后，均成为奇迹。他的存在，就像河川带给地形的改变一样。

人生的所有创造，藏在幸福里也藏在痛苦里，就看自己的汲取能力和更新能力。

从东坡自己的感觉来讲，痛苦的经历似乎有助于创造，有助于产生真正的人生内容和心灵哲学。人的心是要有内容涵养的，而且要创造出真正影响人本身的东西，不然就算你在这个时代创造了很多产业和财富，拥有过很多资源和能力，终究不过是一个时代的壳罢了。就像蝉的皮一样。

我喜欢一句话，叫"我所有走过的路把我带到这里。"（英文版是Every step I have taken in my life, has led me here, now.）

苏东坡就是这句话最好的实践者。

人生哪能事事都如意，但还是要不断修炼自己。人到中年，会有很多切切实实的痛苦，痛苦可以把我们贬到很远的歧途去，也可以帮我们拓展更大的能力。你没有遇到痛苦，都不知道自己这么狠、这么坚硬、这么强大。

东坡的痛苦是从乌台诗案开始的，那时候他42岁。他的创造力再上巅峰，也是从那时候开始的。

所以，从这个意义上看，人生真正的、彻底的创造力应该始于中年。我们应该多么珍视这样的年份里自己驳杂斑斓的体验。

怪不得现在很多人都说人生四十才开始，五十才开始，甚至六七十才开始，其实古人早有这样的觉悟，而在这个预期寿命越来越长的年代，我们不更应该有吗？

依然祝好！

水姐

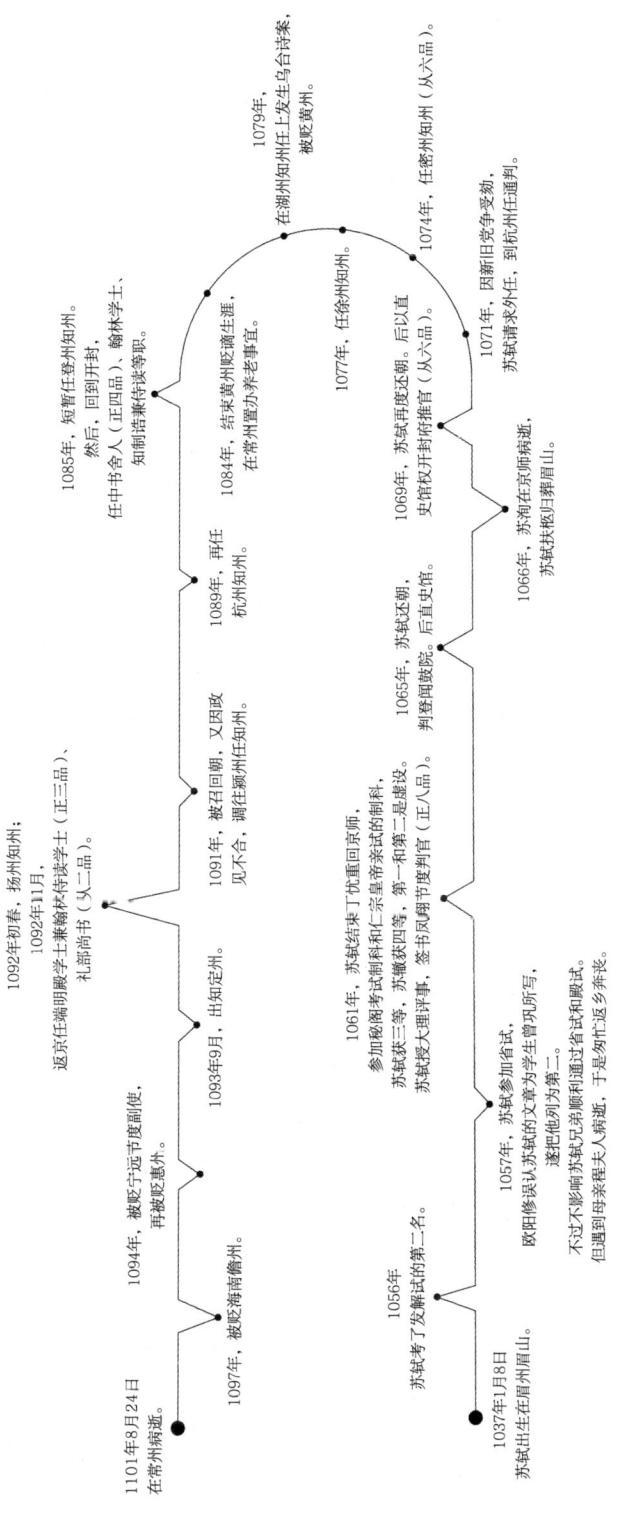

第三封 男人心比女人心还复杂

朋友：

你好。

说苏东坡是"中年好友"，有一个视角特别重要，那就是了解人丰富的内心需求。他可以被视作男人内心需求和追求的极致版。虽然苏东坡整体而言是个随遇而安、达观知命的人，但他也有灰心丧气、喜怒无常、性情怪异的时候。人心是复杂的。观看他，大概能了解男人的精神需求。

苏东坡从小相信自己能够遇到神仙，甚至相信自己也许会成仙。他认为，成仙的困难在于难忘人欲。既然成为不了神仙，还是世俗之人，便有各种各样的人生困境和问题。而中年人就是问题的集中载体。

林语堂的《苏东坡传》中，我印象最深的两句话是：

男人一生在心思和精神上有那么奇特难言的惊险变化，所以女人只要聪明解事，规矩正常，由她身上时时使男人联想到美丽、健康、善良，也就足够了。

男人的头脑会驰骋于诸多方面，凝注新的事物情况，为千千万万的念头想法而难得清闲，时而欣喜雀跃，时而有隐忧剧痛，因此对女人的宁静稳定反倒能使人生在滔滔岁月之中进展运行不息而感到纳闷难解。

读苏东坡，顺带了解了他的两任妻子，大概就能了解中年男人复杂的精神需求。

都说"女人心，海底针"，其实，男人的心有时候比女人的心还复杂。

这颗心并不光是权力、金钱能够满足的，他们还需要更多的东西，为什么中国古代写诗好的、做菜好的等，大部分是男人呢?

男人创造了一个巨大的消费世界，光怪陆离，物欲横流，璀璨夺目，这也不难理解为什么全球知名化妆品和奢侈品公司的创始人大多是男人了。女人其实并不太明白男人究竟要什么。他们类型不同，所求完全不一样。

人的基本需求之外，衍生需求可以有无数。所以人有时候要善于阻止自己的妄想和昏沉。所谓妄想，大致就是你改变不了的别人的念头和掌控事情发展的欲望；所谓昏沉，大概就是沉浸在想不通的问题、得不到的东西里头不可自拔。

通过那首一吟起"十年生死两茫茫"就让人先叹口气的诗歌，我们知道苏东坡深爱他26岁就病逝的妻子王弗（1039—1065）。

中年人总是要面临真正的、切肤的生老病死，这似乎是人生不可躲避的。

在他不够成熟老练之时，他需要妻子的忠言箴劝，第一任苏夫人在务实际、明利害方面似乎远胜丈夫，且对丈夫非常敬佩，她明白她嫁的是一个思想活跃的诗人。

男人要的是敬佩，又是身心的照拂，从他们年轻时期，就需要了。

第二任苏夫人是第一任苏夫人的堂妹。她也花了好多年工夫才摸清丈夫的性格。乐天达观、随遇而安是一面，激烈而固执是另一面。她知道这个男人是管不住的，所以能做的就是信任他。

如果丈夫是喜怒无常的，那么妻子必须头脑清爽、情绪稳定。她知道丈夫爱跟歌伎往来，她没有把他从自己身边推开，生气、嫉妒、埋怨，也没有故意把他推向歌伎那里。苏东坡把一个歌伎交流得遁入了空门，把另一个带回了家里做了小妾，一切都是人与人之间的缘分。缘分这件事，在就是在，尽就是尽，人为改变不了。

他亦有他的"成毁须臾之间"的论调。都说女人善变，其实男人更是。

纳兰容若再崇尚爱情，再爱他的卢氏，三年之后依然会娶妻和妾两人。"人生若只如初见，何事秋风悲画扇。等闲变却故人心，却道故人心易变。"男人是歌咏孤独，却不甘寂寞的。

而这个苏夫人保持了自我的平和。她觉得自己是春月，使人喜；那个时而兴奋时而忧郁的丈夫是秋月。对于管不住的男人，不是彻底不管，也不是听之任之，而是做好自己的事。换作是现代婚姻自由的人，那就完全做好自己就够了。

她做她擅长的眉州菜，管好孩子们，她知道男人要的就是两件事，信任和稳定。人不一定要把所有担心的问题都解决了、处理干净了，才能换得人生平安。寸草不生，水清无鱼，也不是人生的样子。不留一点余地，当人们把什么问题解决好了，自己也就成为最大的问题。

林语堂说："所有的婚姻，任凭怎么安排都是赌博，都是茫茫大海上的冒险。""所有婚姻都是缔构于天上，进行于地上，完成于离开圣坛之前。"

中年男女，问题实在太多，如果要直面内心真实需求，都是坑坑洼洼、杂草丛生的。暂时的鸟语花香、岁月静好，日后可能都会被认定是假象。

我想起"现世安稳，岁月静好"的首倡者张爱玲的话："晚烟里，上海的边疆微微起伏，虽没有山也像是层峦叠嶂，我想到许多人的命运，连我在内的，有一种郁郁苍苍的身世之感。"

即便是遇到大体达观的、有趣的灵魂，依然要面临诸多的情绪问题、生存问题、琐碎问题。

苏东坡在密州（大抵为现在的山东诸城）时，他们夫妻一起过苦日子。他在为新的税负愤怒的时候，孩子们缠着他，他瞬时觉得"孩子们真傻"。妻子说："你才傻呢，闷坐了一整天了。我给你去弄点儿酒喝。"

这件事让苏东坡觉得自己很丢脸，也觉得很欢喜，觉得自己的妻子是个贤妻。男人要的是偶尔的任性，能偷笑的那种幸福感。

某种意义上，男人是长不大的。他们永远需要帮助，他们不习惯身边没有人支持和照顾。

其实，男人女人都一样，内心都有些许光明和巨大的黑洞。生活本来的样子，都需要自己去亲身经历。所有的道理，如果不是自己通过经历悟出来的，谁告诉你都没用。

苏东坡在论《苦与乐》里说，苦与乐没有来临之前，不必畏惧苦也不必羡慕乐，真的亲身体尝的时候，也就这样了。他做过大官，也过过非常贫瘠的日子，奢侈豪华和简单朴质的生活都尝试过，论幸福，并没有多大不同。

在漫长的一生中，我们会忘掉初心。因为身处顺境时，往往容易轻慢，身处逆境时，又力不从心。苏东坡的内心，中年人可以多观照一下。终有一天会明白，过简单质朴的生活，也挺好的，因为那也非常不易。

生活就是这样，有时候你都不知道自己为什么就变心了，更不知道别人怎么会变心了。突然有些责任就不想扛了，扛不动了。很想追求的东西，每天想做到的进步和发展，突然从体系上就都崩溃了。这种大半截入土的感觉，很容易让人陷入无可救药的困惑迷茫之中。人要争取的、要隐瞒的、要隐忍的、要背负的、要悔恨莫及的东西越来越多，而那些能从琐碎中冲出来的人，是少有的勇士。

苏东坡的男人心，就如海底星辰，是在任何时候都不会消失的征服感和对未知世界的向往。他对每一个在人生中能遇到的人和事，都有新的映照、留痕。

天上有多少颗星星，人就有多少个念头。人到中年，有些念头长成了一棵巨大的樱花树，它不结果，就只能散开，随风飘落一地。

而那颗男人心，终究要男人自己去掌控好，这是中年人的自觉自醒。

依然祝好！

水姐

第四封 中年女人需要东坡风度

朋友：

你好。

我们先一起读葡萄牙诗人费尔南多·佩索阿的一首诗吧。

《我开始明白我自己。我不存在》

我是我想成为的那个人
和别人把我塑造成的那个人
之间的裂缝。
或半个裂缝，因为还有生活……
这就是我。没有了。
关灯，闭户，把走廊里的拖鞋声隔绝。
让我一个人待在屋里，和我自己巨大的平静待在一起。
这是一个冒牌的宇宙。

女人大概就是想在成为什么人和被塑造成什么人之间最纠结的物种。

生活是个长长的剧，并不是每一段都好看。生活中往往是这样，一件大事发生之后，会跟着一段巨大的平静。比如感情破裂或车祸等，发生后会面临一段死亡般的平静。

而通常一个人若得到了什么，也可以安然享受这个"得到"很久。连小人得势都可以享一个时段的势头。一个人因为一个转机、契机就此崛起、爆红。这个世界是容许童话和标准格式的幸福存在的，喜剧永远有卖点。

同样，一个人若是失去了什么，就是真的失去了。面对失去，比如失去感情、信任、熟悉的日常等，如何从失去中获得可能是现代中年女人的功课。

苏东坡对中年女人应是有更高层面的启发的：

第一，无论发生什么事，不要把自己捆绑在别人身上。虽然苏东坡很想做个建功立业的儒家，但他不会把自己捆绑在朝廷上。

女人也不要把自己完全交托给一个男人或是自己的孩子，虽然这个过程对于女性而言真的很难。

如果非要坚守一个人、一件事，那就要做好随时别离、舍弃的准备，然后看淡别离、舍弃这件事，依然有自己非常富有的内心世界。你可以总是不变，但无法阻止别人改变。变是正常的。

觉醒一定是通过痛苦换来的。就像"苏轼"变成"苏东坡"，也是因为乌台诗案和黄州的贬谪生活。原来也是有心的，只是那颗心太冒昧了，以为一切来得很容易。亲情容易、爱情容易、婚姻容易、诗文容易、学业容易、功名容易，好像没有什么是通过自身的努力做不到的。这是少年得志多好的人生模型！

很多内心丰富、高感性的女性的前半生也是过得很顺遂，学业容易、爱情容易、婚姻容易、育儿容易，但后半生，在茫茫人海里，大家就真的各凭命和运了。

现实中，爱没了就没了，情淡了就是淡了，关系脆弱经不住考验也就崩了，有时候，甚至命没了也就没了。这些都是日常里可能会发生的故事。

一个朋友跟我讲起，她的闺蜜跟前夫十年的感情。他们是留学时候认识的，后来就越走越远，越来越没话说，其实也无关第三人，现在她自己带着孩子过。虽然她是国外留学回来的，但一直带孩子，职业生涯都浪费了。对这种不公平，最好的办法就是看淡，重新自立成为一个全新的自己。

不少三十多岁的女人在离婚后，重新找到自我。离婚并不算什么，与别人彻底解绑、重新建立一个自己才是难题。这需要一个过程。

还有一个朋友跟她老公从17岁谈恋爱到结婚生子，快20年了。突然丈夫就对她冷暴力，她尝试了很多办法挽回，因为她是个不想让自己留遗憾的人。在挽回过程中发现，爱这种东西，确实也不存在于彼此了，只能相互放手，余生各自安好。她说她不后悔，她会成为那个更好的自己，遇到自己想要的人和生活。

她说，年轻的时候，只想找一个对自己非常好的人，以为这样会是一种简单的生活，没想到是巨大的坑。别人对你的好和保障也许都是幻觉，越长期越稳定的感觉越是很难打破的幻觉。在精神和认知上，人唯一的迷障就是自己。

第二，人拥有的最可靠的东西，永远是自己的时间。活着就是有时间，有时间就可以创造重建。创造重建就会有安全感。永远不要浪费自己的时间。

苏东坡在黄州造了个家，在常州造了个家，在惠州又造了个家，惠州新居建成两个月他就被贬到海南了。他这个当下主义者，虽然当时也会痛苦，但过一段时间是不会介意的，因为他在建造新家的过程中已经完成了心灵的安全感铸造。

第三，现代女性需要精神寄托，又有非常大的精神需求。在寻找精神寄托的过程中，其实可以做到的事情会越来越广、越来越多。

从古至今，无论男女，人类总体上都以感性处理大部分事情，这一状况没怎么改变过，所以人类是那么热爱故事。一旦人工智能解决了理性思维的部分，人类高感性的特质就会越来越突出。

创造力、感染力、人性化、共情同理，就成为高感性人群的优势。女人可以做到的故事营造、作品呈现，就会更多。

第四，如果女性能够处理好情绪，不再对生活抱怨，不再觉得不满、不值得，不再计较付出多得到少，不再感叹命运、自怨自艾，那就非常厉害了。

自己的责任绝对不逃避，碰到的纠结与纠缠不急不怕，不停去研究，对结果不求回报。

所谓的通透，大概就是内心通彻清醒，成为自己愿意去欣赏的风景。

迈向爱就像迈入一片辽阔美丽的草原，但也可能是悬崖峭壁。那些你曾经认为对你很好的人，以及满足你所有虚荣心的事与物，最后可能是一个个巨大的坑。要勇敢追求自己喜欢的人和事，却不要贪图安逸，也不要害怕分离和挫折。

苏东坡本身就是高感性的代表人物，他有那么多的心思，那么多的才华，那么多的幸运和不幸，那么多的苦和乐，这些都在他身上结出了审美、志趣、风度和自在。走到哪儿，都自带一种风。作为高感性的中年女人，也应该从这翩翩风度中得到一点儿启发。

依然祝好！

水姐

第五封 东坡是儒释道乐观集成供应商

朋友：

你好。

文化总是以一种特别的方式在特定的人群之间进行着无序、有趣、自然的传承。它不以财富、资源、资本多寡、权势高低为标准，而是在特定际遇和生活里逐渐培育，通过自我加压、重复修炼、不断精进的方式，如吸收日月光华般日积月累，实现心灵丰腴和自我找寻，在前人的基础上并与前人相契相附。

关于苏东坡的心境和对待人生沉浮的境界如何形成的这条线，我暂且叫它"陶白苏"——陶渊明、白居易、苏东坡。某种意义上，有"陶"和"白"，才有了"苏"。

人生，都是个碰和遇。但你内心会有一种牵引力，在集合相关信息、场景和能量。这种内心的牵引力，我也叫它"陶白苏"。

世人皆知陶渊明（大约365—427）和他的桃花源。他第一个把关于隐居的理想表达和切身实践，完整凝练成一个有核心、能延展的格局体系，呈现在世间，一出手就做到了天下第一。

他是东晋时的浔阳郡柴桑县人（今江西九江西南），且一生大部分时间也住在那里。

陶渊明祖上的奋斗史都很励志。高祖父是陶丹，三国时吴国人，凭军功做了扬武将军。后来西晋把吴灭了，陶家成了平民。陶丹的儿子，陶渊明的曾祖父，就是史上有名的陶侃，东晋的开国功臣。

陶侃的母亲非常有魄力。《世说新语》里记载，一个同郡有身份的人住在陶家，陶家当时连米和柴火都没有。陶侃的母亲剪掉自己的头发换了米，把家里的柱子砍了当柴烧，令这个有身份的人无比感动，说到了洛阳一定好好宣传这人生中感人、难忘的事情。

陶侃后来是在战乱中脱颖而出的。西晋灭亡，东晋建立，他被封为长沙公。这一家子，无论男女，能量都挺大。

但生活总不会一直顺遂，他们也有劣迹和低谷，陶侃的几个儿子最后为了争夺爵位自相残杀。最后陶家没落了，陶渊明的父辈都是一般甚至贫苦的百姓。

不过陶渊明还有个很厉害的外公，是当地的社会名士，叫孟嘉，能做大官却不想做。他把自己女儿嫁给一个普通人，这思路也是挺清奇。

在陶渊明身上有很多混合的特质。比如，陶氏家族其实特别努力、特别"鸡血"，爱折腾，无论男女都想做点轰轰烈烈的大事；而孟嘉呢，追求逍遥自在，内心自足，心灵轨迹都是由动转静。再怎么动荡的外界际遇与影响，都能心如止水，因为他有核心意志。

在这样的内在混合特质影响下，讨厌做官的陶渊明还是做了12年的官，隐居生活则过了21年。他活了六十多岁，也算是长寿。

陶渊明《饮酒》（其十二）里写着：

长公曾一仕，壮节忽失时。杜门不复出，终身与世辞。仲理归大泽，高风始在兹。一往便当已，何为复狐疑。去去当奚道，世俗久相欺。摆落悠悠谈，请从余所之。

这首诗我特别喜欢，它是什么意思呢？长公，就是张挚，是西汉法学家、法官张释之的儿子，做官做到大夫，后来因为一些原因被免职了，他倒很释然，觉得这不是自己的错，是自己的个性和价值观实在不适合官场，从此归隐。而东汉杨伦，觉得做官烦就辞了，开了学校讲讲课，过得自在，后来又被请回去做官，前后重复了三次，但三次都被罚。

人就是这样，有些人过得特别自信、果断甚至决绝，有些人就总是心怀幻想、犹豫纠结。没有什么好与坏之分，自己内心感受大抵无人可改变、可帮助，只能自己承受着，与自己好好相处。

陶渊明在12年的做官生涯里，是抱有各种期望和期待的，他的家族曾经是门阀仕宦，他心中没有大济苍生的情怀是不可能的，没有轰轰烈烈的建功立业之心是不现实的。他在桓玄、刘裕那里做官的时间都不算短。他赞叹张挚的自知与不恋，批评杨伦的犹豫反复和纠结，实际上也是在反省自己。

不要绝望，也不要幻想，就做好自己。不是说抛弃掉所有的责任感，就自私自利地活着；而是想一想，在人生中，如果没有任何依靠、外在的力量支持之下，自己可以靠什么活下去，有何思想、价值、意志和技能。靠这些，坚定地做自己。

陶渊明的贫穷生活不是一种选择，也不是自暴自弃和无奈，而是一种结果和姿态。他其实是活在社会聚光灯下的，他大量产出作品，保持着与社会的沟通，至于别人怎么想，他不那么在意。他想要一个不同的、自己的活法，用自己有限的生命跟自己身上那些活跃的元素们不断地产生化学反应，产出一个浑厚自如的人生来。

他在《移居》里说自己在做有意义的事，自己种、自己养、自己喝、自己写、见见有意思的人。这不仅仅是隐居那么简单，这是一种人生活法的创新。

贫穷只是一种适合倾诉意志的外壳，无论多么混乱的局面，都能活下去，希望能找到知己，如果没有，也保全着自己的心灵的出产和延续性。人的心，只有实实在在地被自己和别人感知，那才存在。陶渊明还写过自祭文，大意是说："这人生一世，人人爱惜它，唯恐一生不能有所成就，格外珍惜时光。生前为世人所尊重，死后被世人所思念。可叹我独行其是，竟是与众不同。我不以受到宠爱为荣耀，污浊的社会又岂能把我染黑？身居陋室，意气傲然，饮酒赋诗，我识运知命，所以能无所顾念。今日我这样死去，可说是没有遗恨了……人活着真的不容易，死了又怎么样呢？"

真是潇洒自如，不愧为心灵调适界的鼻祖。怪不得，作家木心说："有时，人生真不如一句陶渊明。"

唐人里面，最推崇陶渊明的，就是白居易（772—846）。白居易的人生过得其实还行，被贬到江州和忠州的时候，大概是其人生少数的低谷，但低谷有时候反而有奇迹。

那江州，正是陶渊明的柴桑、斜川所在的地方。那就更好去溯源了——"予夙慕陶渊明为人"，白居易在《访陶公旧宅》中这样说道："我生君之后，相去五百年。每读五柳传，目想心拳拳。"

不过，实现白居易隐居理想的地方是忠州（今重庆忠县），他在一个叫东坡的地方，栽花种树，漫步歌吟，写了《步东坡》《东坡种花二首》《别种东坡花树两绝》等诗歌。关心一棵棵自己种下的树的生活，大抵也是很有寄托的，"持钱买花树，城东坡上栽""东坡向春暮，树木今何如"……

这"东坡情结"的隐，是在官场和江湖之间的平衡之下的隐，在不被重视的地方官的权限下，有地有田有俸禄还有女人，内心不再有追求政治权力的野心与欲望，只追求人生的闲适，避开那腥风血雨，保全自己的内心。在衣食无忧之下，还有宾朋往来，又可游山玩水。如果在人生不顺的时候，还能有这番自足之境，也是一种人生创新。

在后来的诗词中，白居易有一种逃离官场的侥幸和优胜心理。因为，中唐并不好混，在宪宗之后宦途日趋险恶。看看同时代他的朋友或别人的结局——元稹被废黜了，李德裕多次被嫉妒、被排挤、被贬谪，最后病死崖州……白居易则"雍容无事，顺适其意而满足其欲"。

这种隐居被后世称为"中隐"，这是天时地利人和、时运所至的产物，也是白居易自己的思想境界在做某种综合之后的产物，是他自己的造化。什么思想综合体呢？他第一次将儒释道进行了人生应用的创新。

所有的精神元素，其实都是文化盛宴里的自助餐，选择即命运，而自由组合后应用在思想生活中，则稍稍能缓解下无常的强制性。有些事情，使尽全身力气也拼不过的，就得隐逸。

陶渊明对于白居易来说，也可以条分缕析，然后取些"条条"和"缕缕"为己所用。白居易敬佩陶渊明的"人间荣与利，摆落如尘泥"，荣华富贵不过是尘土，拍掉就无所谓，这高贵的劲儿，没有几个人压得住这傲娇气势。白居易读陶渊明——"甚可喜也，每体中不佳，辄取读，不过一篇，唯恐读尽后无以自遣。"

逃避政治争夺，还有人与人之间的恶性竞争，走向精神解脱，四百多年前陶渊明的各种心态、行为、诗意、技巧、方式摆在那儿，可供白居易借鉴。

从根源上讲，还有老庄等更古老的传播体系在那儿。对于道家，文人们可以拿来就用，特别自然。我记得我小时候就开始读，也没有什么障碍，仿佛骨子里有可以自动连接的无线网络接口。

魏晋南北朝之后，佛教也渗透进中国文化的基底，禅意也能滋润人生的空泛、虚无和痛苦，所以文人们开始将这些适合人生的思想进行了某种综合。

刚开始的时候，是一种硬生生的平衡，有时候则是某种机缘下的个人体悟。系统性地将儒释道结合，并将自我的人生进行充分融合实践，还留下文论痕迹的，白居易算是标志性人物。

白居易生活的时代是南宗禅最为兴盛的时代，南宗禅以"不立文字，教外别传，直指人心，见性成佛"为宗旨，抛弃经教和偶像崇拜，主张观照自心，证悟成佛。所以，对于诗性浓郁的人来说，这种佛教思想的影响力，可以自动接入。在一个叫凝公的大师的接引下，白居易对禅理有了较深的体悟。

儒释道，就在个人生命层面，进行了结合。

儒家"智者过之，愚者不及""君子依中庸"；禅宗"游戏三昧，自在旷达"；道家"委顺任命，知足不辱"。其实，这是取他们的相通之处连接起来。

对于人生进退，关键是要有自我意识。明确地知道自己要什么、做什么，又有能力通过各种形式，寻求到心灵寄托，那么我此生是有底的、不寂寞的。

当遇到人生起伏，在低谷之中之时，该怎么样解脱自己甚至超越出来？

什么是超越意识？它是一种人生理念和生活态度，在历经磨难后承受忧患、理解忧患并最终超越忧患而获取自由人格的一种努力。在逆境中不为所累，超然物外、情外，无所挂碍。这何尝不是终极的乐观？

抽身退步，高蹈远引，求取闲适的超越，是白居易的心灵之旅。这段旅途，也给后人提供了超越意识和方法论：

1. "无论海角与天涯，大抵心安即是家。"这句我们现在很多人认可的话，就出自白居易的《种桃杏》。
2. "吾道寻知止。"达到至善之境是内心追求，但也要知道，人生就是某种适可而止。
3. "应似诸天观下界。"这个说的是看破、看透。

自然不必完美，历史也不必公正，人可以在沉思中得到安宁。自在自足之境中可以返回内在的自我。白居易，又叫乐天，取自《周易·系辞上》里的"乐天知命故不忧"。他在《达哉乐天行》里写道："死生无可无不可，达哉达哉白乐天。"这份乐天，可以永世流传。

终于写到苏东坡（1037—1101）了。白居易比苏东坡早出生265年，陶渊明比白居易早出生407年。这个文化连续体真的是绵延了好长时间。

苏东坡为什么叫东坡，因为他被贬谪到黄州之后，自己耕种了一块叫东坡的地方，是他的粉丝马梦得帮他要的一块军营的废弃之地。幸运的是，这块地能挖出井，适合耕种。

在白纸上画图，建设自己的精神世界以及由此映射出来的理想生活，这对刚经历生死劫的东坡来说，实在是太好了。

宋朝是个文人最受尊崇的群星闪耀的年代，他们居然集体崇拜白居易，崇拜得最厉害的莫过于苏东坡，他喊道：独敬爱乐天！

实际上，东坡对庄子、屈原、陶渊明、李白、杜甫、韩愈、白居易、刘禹锡、柳宗元等，都研究过，并且明显表现出一种自觉的接受意识。但他觉得最相似的还是白居易，对标意义很明显，他们什么都相似。

典型如：

苏轼在准备考试之前，写了25篇《进策》，深受白居易75篇《策林》的影响。

白居易写《琵琶行》："同是天涯沦落人，相逢何必曾相识。"苏东坡写《寓居定惠院之东杂花满山有海棠一株土人不知贵也》："天涯流落俱可念，为饮一樽歌此曲。"

连"大抵心安即是家"，都变成"此心安处是吾乡"。

到了黄州之后，命运越发相似了。他把那块地叫东坡，把自己叫东坡居士，显示了对白居易的顶礼膜拜。在那儿，他写了《东坡八首》，写了《易传》九卷，《论语说》五卷，并第三次手抄《汉书》。在黄州，他内心根深蒂固的浪漫主义个性得以张扬。

作为"陶渊明的3.0版本"，苏东坡称自己"渊明形神自我，乐天身心相物"。他说"渊明吾所师""欲以晚节师范其万一也"。他说："梦中了了醉中醒，只渊明。"在世俗沉沉的醉梦里了悟人生真谛，活得很清醒，只有陶渊明吧。对于白居易，他则写"它时要指集贤人，知是香山老居士""我似乐天君记取，华颠赏遍洛阳春"。在黄州、惠州、儋州，他都在写和陶诗。低谷的时候，邀陶渊明的精神为伴。

白居易其实还是留恋官场的，他侥幸自己避开权力中心和野心欲望，但他不会放弃自己的地位，也不放弃自己的闲逸之心，追求物质生活和精神生活的丰富性和平衡性。

苏东坡对白居易的超越，是克服了白居易未能完全忘情于做官的一面。因为，如果心里一直放不下，就会露怯。他更关注的儒释道的真正圆融，不再有政治哀伤，把幸福宗教性升华，把不幸艺术化过滤。儒释道里所有的乐观精神，都被他提炼出来用于生命实践了。

他不再执着，总是想着超越。因为不执着，所以不必向外求取什么，只有超越，才能克服儒释道本身自带的局限，那心里的跋涉，无人知晓。

他舍悲观而取达观；他更关注人性深处的生命悲慨和苍凉情韵；他可以心如死灰，然后死灰复燃。无论何时都可以不因名利、关系，靠自己内心就可以点亮自己。

人生的基本程序和内容，其实都差不多。每个人都需要精神疗愈，不是博学、豁达、乐观、全面、通透、悲悯就能过好这一生的，都是要挣扎跋涉自己的精神路径的。

如果毫无这样的经历，生命将平淡无奇。有这样的经历，即便生命平淡无奇，也总有新的生机流出。当一切都归于全心全意，任何东西、领域、境遇都能够成为发展自我、丰富自我的领域。那也是心灵深厚丰赡的一生。

旷达超脱、冲淡平和、风流倜傥、清俊通脱，这些形容词，是那么迷人，又那么难得。有这样的心境，才能做出一些不可思议的对其他人的行为，比如觉得对穷苦的百姓有责任，拯救各种灾难，怕自己的命运影响当地人的命运，自己不足惜，对别人要更负责；比如对于妇女的命运多同情；比如倾尽全力买了养老的房子又因为老妇哭泣而烧掉房契归还原主……

他弟弟苏辙在《亡兄子瞻端明墓志铭》中写道：

初好贾谊、陆贽书，论古今治乱，不为空言。既而读《庄子》，喟然叹息曰：吾昔有见于中，口未能言，今见《庄子》，得吾心矣。后读释氏书，深悟实相，参之孔墨，博辩无碍，浩然不见其涯矣。这里载明了他儒、道、佛的人生研修历程。

秦观说："苏氏之道，最深于性命自得之际。"这里，说到了他融合之后的最后的自得之感。

与苏轼有门人之谊的李之仪认为，苏轼乃最知隐、最善隐的。"唯有王城最堪隐，万人如海一身藏。"如鸿隐冥空一样不露形影声迹地抽身隐退。这里，还是在说隐，但我觉得，这是一种心灵调试方式的超越性的完成。

　　说都是容易的，只有自己行为上做到，表里如一，不再反复，才是好的活法。

　　依然祝好！

水姐

第六封　山河无尽，万里初心

朋友：

你好。

上一封是东坡的思想内核，这一封就是他的治理实践了。

写写苏东坡与每座城市的缘分和关系吧。他跟我们现代人一样，去过很多地方。地缘其实也是一种奇妙的缘分。

我个人曾经非常喜欢写城市。每个城市是那么不一样，就像个性鲜明的人物一样。70后、80后、90后们，比上一辈更多地在各个城市间流动，最后喜欢哪个、定居在哪里，都是不确定的。现代人对城市的感情，也是非常特殊的。

苏东坡他每去到一个地方、遇见一个人，首先想的是自己的命运可能会影响那里、那个人，所以他总是带着极强的责任感去面对。

很多人写苏东坡，都会跟随他的足迹去考察一番，比如衣若芬《陪你去看苏东坡》，比如比尔·波特《一念桃花源》。所以，我觉得，我们中年人可以随着某种精神线条去游历。

在中国文化史上，苏东坡似有一个任务，走遍中国，采撷当地的各种元素，然后混入自己的灵魂底色，好让各地都可以追寻他的精神脉络。山河无尽，万里初心。

人会逝去，城依然在。所以我们一定要有历史观与公共性。城市会承载我们的理念和想法，一直存在下去。

这里侧重先写他做过大事、抗灾减灾过的城市吧。

他刚被贬到黄州的时候，黄州正在经历一场瘟疫。当时的他虽然是一个微不足道且受监视的小官，但还是以抗疫为己任，献出一张名为"圣散子方"的药方，药方的主人是苏东坡老家眉山的名医巢谷的祖传秘方，祖上规定不能传给外人。

苏东坡发了誓说不传出去，但时局紧迫，最后还是决定拿出去救人。后来，当地的患者大多痊愈了。苏东坡把这件事记录到《圣散子叙》上。巢谷也并没有和他绝交，大是大非面前，有些事情是可以放下的。对于任何事情的评价，格局、维度和因缘不一样，结果会不同。

苏东坡在黄州发现当地有溺死初生婴儿的野蛮风俗，于是写了很多调查报告，上书等待批示，还成立了一个救儿会，请心肠慈悲、为人正直的读书人担任会长，自己去富人那里募集资金和物资，再请安国寺的一个和尚当会计。他想，如果一年能救一百个婴儿，是心头一大喜事啊。

苏东坡在杭州也遇到了瘟疫。那次疫情比黄州更重。苏东坡的治理措施也是很灵活的。疫情从来不单单是疫情本身，它就是经济、政治和民生。

他首先提出，要减去进贡米的三分之一，这相当于就是给企业减负。当时的社会，僧人是可以享受补助的，他也放宽了僧人证的颁发，让穷苦的人剃个头就可以拿到证、领到补贴，活用此政策，救助了饥寒交迫的患者们。在第二年春天，又把常平仓（注：中国古代政府为调节粮价，储粮备荒以供应官需民食而设置的粮仓）的大米搬出来售卖。

他还带着医生走访确诊患者的家，提供上门服务。更神奇的是，他很早就有建"方舱医院"的想法，于是在社会上募捐了两千余缗，自己掏出五十两黄金，建了"安乐坊"，对患者进行集中治疗和救助。后来"安乐坊"一度又发展成了"安济坊"，得到朝廷的肯定和推广。

写词的人总让人感觉太柔软，而男人应该是面对困难绝不倒下、门路方法又很多的硬汉。苏东坡无疑是个铁骨铮铮的硬汉，又有极度丰富的悲悯之心。

他觉得若是因他自己的命运多舛而给某个地方或别人带来损害，内心将受到极大煎熬和自责。他必须付出百分百的心力，让自己的生命连接更多，感受更多，做到更多。

中年人，能看到的就是自己的前半生，所以某种注定感和命运感是明显的，因为关切自己的命运，知道自己承担着周围环境的责任，所以丝毫不敢懈怠，不敢把自己剥离、抽离出去。

人要立住，大部分的情况下不倒下，必须有大的格局和情怀，放下各种私心杂念和汲汲营营。

古代的地方自然灾害是真多，苏东坡在宋神宗熙宁七年去密州（今山东诸城，对，就是他写作《江城子·密州出猎》的地方）任职，先解决了强盗猖獗、农民食不果腹卖女婴的问题之后，最棘手的蝗灾问题来了。

对于蝗灾，他在杭州就遇到过，所以还算是有斗争经验的。他的治蝗方法是基于对蝗虫长期、认真观察制定的。

据说，这些蝗虫白天吃庄稼的时候，如果地上有个小沟，前面的蝗虫爬进去，后面的蝗虫就会爬上去，将前面的蝗虫压在底下，所以蝗虫们会成堆出现。在夜里，它们爱往亮处飞。

东坡便让老百姓在地里不远的地方挖一条沟，将蝗虫赶到沟里，用土埋起来。夜里则点起一堆堆的篝火，引诱蝗虫将其烧灭。基于此，蝗虫很快就被除灭得差不多，没有造成大害。

蝗灾只是小巫。他简直是抗各种灾的钢铁斗士。

认为天、地、人之间相互连接性很高、际遇是一种人生最独特的风格的人，总觉得自己是有使命的、有责任的，这不是一种宗教情怀，而是一种天生信仰。

1077年他到徐州任职，遇到了百年难遇的大洪水。徐州城外水位达到二丈八尺九寸（约9.634米），比城内平地高出一丈九寸（约3.364米），徐州成了一座水下城。情况相当危急。

据说，徐州城历史上曾遭遇黄河洪灾达200多次，其中多次城毁屋塌，城内居民遭受灭顶之灾。唯有苏东坡能够率军民降服洪水。即便到了明朝，徐州城还被淹过三次，苏东坡究竟强在哪里？他是怎么治水的呢？

第一，他是一个面对困境绝不妥协和放弃的硬汉。"吾在是，水决不能败城"，意思是，只要我苏东坡在，徐州城就在！无论如何，英雄主义都是最帅的选择！士气上就首先胜利了。

第二，战略和管理的问题。在洪水将至未至之时，他立即组织力量派遣下属，分段负责，包干到人，责任到人，严防死守。

第三，做规矩和原则性问题的坚守。他劝阻城里一些准备出逃的富人和百姓，并下死令任何人不准出城，擅出城者杀无赦。

第四，借助精英外力。动员国家禁军3000多人参与抗洪筑堤。

第五，制定战术和具体实施方案。他组织研究提出了加固城外堤坝修筑和城墙墙体的规划方案，并组织人力物力迅速予以实施。

第六，亲力亲为，永远在最危险的地方从容指挥。他亲临最危险的城墙地段，从容镇定地指挥军民加厚墙基、加高墙体，在短时间内使防御工程加固。洪水围城45天，苏东坡就在堤坝上劳累了45天，直到黄河回归故道，向东在海州附近入海。

第七，灾后重建，以备未来，形成闭环。洪灾结束之后，他争取了朝廷的资金支持，进一步加固徐州堤坝和城墙，以防范今后出现更大的洪水。他因此获得宋神宗的全国通令嘉奖。

一个中年人的修养是，不仅要有才气、静气，也要有霸气、杀伐决断之气，对自己狠，随时当救火队长，能处理人世间的困境和挑战，有谋略、有资源、有助力、有方案。

1091年,五十几岁的苏东坡上任颍州(今安徽阜阳)。颍州情况更为复杂,不仅有水灾、旱灾,居然还有雪灾,生命真的是一波又一波的任务和使命啊,父母官真的不易。

他兴修水利、捕捉盗贼,接连上书朝廷,乞请减免灾民赋税,发放救灾钱粮。他是个具有现代调研精神的实干家,在颍州,他考察地形、搜集数据、征询民意、反复论证,得出结论认为,八丈沟入淮口的水位,在淮河泛涨时高于八丈沟上游蔡口水位八尺五寸,淮水势必倒灌。

因此,开挖八丈沟既解除不了陈州(河南周口淮阳县)的水患,也会令上游来水在颍州横流。他亲手写作调研报告《申省论开八丈沟利状二首》《奏论八丈沟不可开状》,并上奏宋哲宗,最终阻止了开八丈沟这项有百害而无一利的巨大工程上马。

古代的人博学多才,似乎什么都能做,还能做到样样精通。苏东坡不光是个文人,他也是一个处理公共危机的达人。如果我们得不到自己想要的东西,生活中又充满了应接不暇的挑战,只能把自己变得强大起来,孤独起来,舍得起来。

我们不能在生命的逆旅中空手来去,与其让天堂入梦,不如以意志与智能创下些什么。(尼采)

1093年,他出任定州。定州以及周边的曲阳、望都、唐县、新乐、无极等,入夏以来一直无雨,到了秋季又连雨成涝。他还要治涝。

为了让有病的灾民吃到些肉,他想了一个办法,让人在肉汤中放稍许碎肉,然后加荞麦面,熬制成块状,再切成小块分给人们,他居然发明了一款赈灾小吃——"定州焖子",据说救了很多人的命。

他在定州还有不少创意,比如"南稻北移"。有一天,他来到定州城北的苏泉、西坡、大西丈、小西丈村一带巡访,看到这些地方地势低洼,沼泽片片,茂密丛生的杂草掩盖着肥沃的泥土。于是,他责成专人,到南方运来稻种,并亲自向农民传授水稻的插秧、栽培和管理技术。

在生活面前，处处变，处处可变。还是用尼采的话形容他："在他眼中，人生不是一个停滞的水潭，而是一个'跳跃奔进'的过程，因此他所关怀的是如何发挥人的潜能，向更高一层的理想争取胜利。"

苏东坡对于解决实际问题似乎有一种痴迷。

我们再讲讲那条著名的苏堤和他治理西湖的故事。他第一次去杭州的时候是1071年，当时西湖淤塞面积已经是20%~30%；1089年，苏东坡第二次来杭州重游西湖的时候，发现西湖淤塞荒芜的面积已经占了一半。

他又开始调研啊，勘探啊，论证啊，并向哲宗皇帝呈上了《祈开杭州西湖状》，第一部分阐释了西湖的严峻形势，第二部分阐释重要性和必要性，主要从养鱼、蓄水、灌溉、助航、酿酒等方面。

西湖挖出的淤泥怎么处理？考虑到西湖南北相距15公里，他就决定筑堤，这样既能处理掉淤泥，又能便于交通。后来还在长堤上造了6座桥和9座亭，种了芙蓉和杨柳。

还是为了治理淤堵的问题，苏东坡把湖面分派给人们种植菱角，并在湖里造了三座小石塔，最初的目的是为了禁止在石塔以内种植菱和茭白，后来这三座小石塔就变成了"三潭印月"，诗人词人的工作和生活痕迹，总能成就一段传说和传奇。

所以，中年人啊，做好救火队长、研究专家，还有创意大师吧。

在惠州，他也做了很多实事。看到当地人饮水困难，就教他们修建水槽，以便把山上的水引到城里；看到惠州城的大江太宽，人们过河难，就教他们修建浮桥；看到城里的守军没有军营，只能住在百姓之中扰民，就申请费用建军营；看到农民插秧辛苦，脚整天都泡在水里发烂，就发明了"秧马"；看到百姓因瘴气生病，就教人们防治，"治瘴止用姜葱豉三物"；他还开辟药圃，教百姓种人参、枸杞、甘菊、地黄等中药……他真是知识丰富的技术控、精力旺盛的发现问题者、解决者和建设者。

重点说说"两桥一堤"项目。他倡议，建一座东新桥，把江东与惠州城相连；建一座西新桥和苏堤，把西湖里的西山与城区相连，这样的话，可以方便居民去西山伐薪割草。东坡每天去工地视察，结果工程到了一半，政府的资金链断裂了，于是，他将皇帝之前赐予他的一条犀带换成现金，还求助弟弟苏辙和弟媳史夫人，慷慨捐出内宫赏赐的黄金，继续完成项目。

在海南儋州，有一个"载酒堂"，那是他传经授道的地方。本是非常简陋的五间百姓帮他搭建的栖身之所的一间，后来却培养了海南第一个举人、第一个进士，几乎改变了整个海南的文化氛围。

跟苏东坡有关的城市真是太多了。他让文化资源有了"均贫富"的感觉。他个人非常喜欢江苏，苏南苏北都喜欢。他曾在徐州、扬州做过知州；在宜兴买田、常州买屋，最后终老常州；他对润州（镇江）情有独钟；在困窘时曾多次旅居真州（现在为扬州下辖的仪征市）；他还曾多次路经苏州、泗州（今泗县、明光市、天长市、泗洪县、盱眙县一带）、楚州（今淮安）、高邮等大运河沿岸城市。还有金陵、润州，他如果有经济实力，他都想在那儿养老。当时，金陵有王安石，润州有沈括。

古人的游历、经历和作为真是太广阔了。在大工业、大分工、专业化的时代里，我们也有这样的广阔多元，多好呀。

依然祝好！

水姐

第七封 东坡是硬汉 会兵法

朋友：

你好。

像我这样的女汉子的性格，一直喜欢的是硬汉。恰好，苏东坡不仅是个文人，还是个硬汉。

赶紧补上苏东坡的硬汉形象，让我们中年人更能顶天立地些。

东坡某种意义上，是个将军啊！意外吗？

苏东坡喜欢的白乐天写过的最经典的句子，"野火烧不尽，春风吹又生"。春天，其实是一个充满斗志的季节。在我看来，一个人最强的斗志，就是野火烧不尽。

一个有真性情、血性的文人是可以随时投笔从戎的。

先讲个故事吧。

1093年，他到定州上任。太皇太后刚一去世，他就获得外放。外放去干什么呢？去一个问题多、管理难的地方，他总是喜欢富有挑战性的工作。

他奉命统领河北西部，并指挥该地区的步兵骑兵。按照宋朝制度，文官往往担任军职，而以武将为副手。

当时定州军政松弛、士卒骄惰，军官则克扣士兵粮饷，以饱私囊。而这种情况，长期无人过问。他决心整顿一番，把贪污的军吏发配边远，让士兵吃好穿好；修缮营房，整饬纪律；禁止赌博和酗酒；还要求必须进行严格的军事训练。

他那时候，就是一个真正的将军啊！他经常正式穿着戎装，举行校阅，与将校副官按照等级站立。当时有个骄悍老将觉得自己权力被剥夺不参加，但东坡下令他必须参加，最后，老将也不得不从，可见东坡之威严。

终于要开始谈全才苏东坡的军事思想了。除了儒释道之外，他居然还懂兵家思想。东坡写过的很多策论、奏章和诗歌中都体现了他是学过兵法的，孙子、管子都影响过他。

大体上，喜欢学习新鲜知识的人，什么方向都会去涉猎。

对于一个合格的中年人而言，遇到人生困境无法脱困，主要还是自己的思想和技能不够用。钱财和资源不够用只是表象。人生最后拼的，是自己到底有多少能力、多少发展前景、多少翻身资本、多少后劲，人要拥有"野火烧不尽"、自己当一片草原的可能性，那里可以杀伐，也可以优雅。

我们回到苏东坡的时代，那个曾经四海升平，经济繁荣，看上去安稳实际上却危机四伏的北宋，很像一个人的三十多岁，成家立业，有经济基础，却随时会面临不测和意外。整个王朝一开启，就是中年模式，相对富裕却脆弱，刚成家立业，刚有了生机和下一代，得失感很强，有点畏首畏尾。北宋的边患问题从来没有停歇过。

北宋曾于979年、986年两次北伐辽国，以求收回五代时后晋石敬瑭割让的燕云十六州。但两次都因为准备不周，仓促征战失败。辽国国力日益强盛，还主动展开攻势，打到了澶州（河南濮阳），真宗和大臣们吓破了胆，签下了耻辱的"澶渊之盟"（停战的条件是：白银十万两，绢二十万匹），并且每年还都来索要新的。

西北的党项也没有歇着，不断挑起战争，最后因为北宋的制度原因也失败了

（对将帅限制太多，缺少授权，连阵图都是皇帝亲批，还经常换将帅，士兵缺乏训练）。虽然西夏后来对北宋称臣，但必须每年赐给他们13.3万匹绢，7.2万两白银，3万斤茶叶。

有识之士自然觉得这局势是有问题的，和平不是靠金钱换来的。而宋朝一开始的思维定式，就是靠钱搞定一切，觉得能用钱搞定的事情都不是事儿。

兵法其实是读书人必修的科目，东坡在这方面自然也是不会差的，且其军事思想是相当有见地的。东坡在《策别十六》中写道："夫当今生民之患，果安在哉？在于知安而不知危，能逸而不能劳，此其患不见于今而将见于他日。"以物求和求安，总是有弊端和病根的。

"奉之者有限，而求之者无厌，此其势必至于战。不先于我，则先于彼，不出于西，则出于北。"他危机意识很强烈，从后世来看，他的感知和分析能力又比较确切，跟我们从历史后视镜里看的，几乎一致。

他认为，这个格局之下，"必至于战"，不要以物事敌。前面几次失败，"无乃出于仓卒"，一味为和平而和平，只在意自己的经济状况，无疑是一种偏执的坚持。不要害怕战争和失败。

人生在时代之中，存在即合理，有时候你觉知的东西，并不是共识，只是一家之言，有时候即便是共识，也对此无可奈何，因为那是某种先天和后天缠绕的痼疾。

但是，中年人，要有一点斗志，一种可以持续评估的斗志，要是觉得少了，必须加一点，因为世上还有那么多事情需要做。人生被卡在中间，只能前进不能后退，闭着眼睛都只能向前冲。

要相信，人的精神只要活着，就会"野火烧不尽，春风吹又生"。

苏东坡也喜欢更新自己的文章系列，《策别》《策段》等系列就是他对自己的军事思想的积累和更新。如果能十年、几十年、一辈子思考同一个问题，那一定会有不一样的收获。他还写过《教战守》《定军制》《练军实》《倡勇敢》等。

苏东坡的军事思想总结来讲，也许可以有这样几点，我们来看看是否具有预见性和改革性。

1. 认清形势，搞好战备，掌握主动权。前面几次失利，都是因为准备不足，没有主动权。东坡在《策段二十三》里写道："权在敌国，则吾欲战不能，欲休不可。""权之所在，其国乃胜。"对于国际局势，要全面看，全面设计布局，这样才有主动权。

"贼常欲战，而我常欲和""用兵必出于敌人之所不能"，以及《孙子兵法》里提到的"以虞待不虞者胜"，都说明主动权的重要。东坡打的比方特别形象，三尺孩童能制服千钧之牛，就因为牵着牛鼻子。

2. 改革兵制，搞好军队建设。北宋实行的是禁兵、厢兵制，虽然能够有效防止军阀割据，但什么都要皇帝亲授，往往坐失战机。另外，禁兵太耗费国家资源，他认为应该以训练有素的有军衔的士兵来削减、代替禁兵。

3. 充分注意到得力将帅的作用。《孙子兵法》写道："将能而君不御者胜"。授权是一方面，有能力的人被重视是另一方面。将帅不能老换，要有一定的稳定性。

4. 兵役终身制转为十年制，并提出新老兵战斗素质提升工程。老弱之兵不能裁减，新兵又不识战阵且贪生怕死，这些都是问题。对于老弱兵，他在《策段二十一》里写道："三十以下则收，限以十年而除其籍。"新老兵，杂居而教之（《练军实》），以老带新，提高部队的战斗素质。

5. 兵民合一，全民皆兵，恢复弓箭社，训练民兵。他的《策别十六》里写道："士大夫尊尚武勇，讲习兵法，庶人之在官者，教以行阵之节；役民之司盗者，授以击刺之术。"国家的各个阶层，都要有战斗力，全民备战，在职官员要学习军事知识，懂得用军队的行阵之法；对从民间抽调起来缉捕盗贼的差役，传授给他们设计和刺杀之术，等等。

王安石深谋远虑，强力推行保甲法，以期达到维护地方治安，通过建立民间军事组织消除募兵之弊的目的；东坡则从地方实际出发，热情提倡民间自发的弓箭社，彰显出仁政爱民的民本思想。在定州，他写了《乞增修弓箭社条约状》，提倡兵民"带弓而锄，佩剑而樵"。

6. 战争要有节有利，而不是穷兵黩武，只是不得已而为之，为之则必须准备。

7. 攻心战最重要，要怀柔招抚。他提出反间计，在《代滕甫论西夏书》里写道，"多出金币遣间使辩士离坏其党羽"。《孙子兵法》中的"谋攻篇"提出，全军为上，破军次之。反对消耗太大的打法，认为应该"以夷狄攻夷狄"。

8. 克服"骄娇"二气。"兵不知将，将不知兵"，兵士骄娇二气严重，骄兵必败，娇气的士兵毫无战斗力。整个民族是需要有血性的，无所顾忌，骛勇剽悍，万众一心则没有不胜利的。他在《策段二十四》写道，小国邹和大国鲁交战，个个激励，以小胜大。

其他还有不少。他总是在不断地看兵书，提炼自己的学习所得和观点，去地方上实践。他第一次从京城外任到凤翔府时，就开始学习射箭，官箭12把，他能射11把，命中率是很高的。在定州，他还直接指挥那儿的步兵骑兵。在密州，士兵残害老百姓，东坡声称相信他们，等到他们放松戒备之后，再把他们抓起来……

东坡的能量总是释放不完，做什么都有兴趣，也能做好。对于军事武功，他觉得自己是有能量的，头脑和人心是军事的第一步。在他头脑里，他从小就推崇儒将："上马击败狂呼，下马草军书"。他甚至期待自己有一天效法投笔从戎的班超，"弃书捐剑学万人"。

他写过无数的诗词里，想保留他的这番情怀和魄力。《祭常山回小猎》."圣明若用西凉薄，白羽犹能效一挥。"他赞叹晋朝任用西凉主簿谢艾为将，同敌方三万人马对阵。《念奴娇·赤壁怀古》他赞叹周瑜；《江城子·密州出猎》里，他就是一个真正的将军，内外兼修。

孙子和管子对他影响很大。中国重视修书，流传下来的典籍，总是有应用的情景。对于学霸而言，学什么都没有心理障碍。他一定也看过苏舜钦的《庆州败》。

苏洵、苏轼、苏辙父子三人都写过《管仲论》。东坡在十几篇文章中都提到管子。管子认为，国家的威望不是凭空就能建立起来的，而必须依靠强大的军队才能在战争中取胜。要养好军队，就必须积累财富。节用蓄财，改革军制。必须有强有力的军队。

上文提到的苏东坡的几个观点都有些管子的影子。

管子主张用兵打仗要把握时机，利用形势，精于筹划，争取主动。管子《七法》一再强调：为兵之数，存乎明于机数，而明于机数无敌。战机把握、情况筹算。东坡主张主动出击、先发制人。

"西羌解仇隙，猛士忧塞壖。庙谋虽不战，虏意久欺天。山西良家子，锦缘貂裘鲜。千金买战马，百宝妆刀环。何时逐汝去，与虏试周旋。"他写道，何时我也能够随他们一起去，定要与强虏对阵应战。他的战斗之心一直在燃烧。

一个人需要斗志，看着哪里不好就尽量改善一下。如果斗志都没有了，真的什么都不会有。学习"宝藏苏东坡"，还有什么不会的？对自己定位太明确，那是商人和经济的思维。什么都懂一些，什么都学一些，什么都会一些，什么都不设限设防，人生才会宽阔，内心才是一片野火烧不尽的草原。

依然祝好！

水姐

第八封 东坡五绝，身以竹化

朋友：

你好。

季羡林曾说，古代赞誉文人有三绝之说，即诗、书、画，而苏东坡是五绝，诗、书、画、文、词，季羡林评价苏东坡是中国文学史和艺术史最全面的天才。他是王阳明和达·芬奇的综合体。

找到自己人生意趣的载体很重要。人生要有自己常用的"输入输出系统"，这样悲喜来往都有意义，无所谓好与坏了。我称之为"苏东坡操作系统"。

苏东坡的字具有疗愈作用，看了让人开心。有时间可以欣赏一下他的《寒食帖》（注：全称为《黄州寒食诗帖》），据说，那是"中国行书第三帖"，排在它之前的便是著名的王羲之的《兰亭集序》和颜真卿的《祭侄文稿》。

写诗的人，字也要写得好看才行，不然没有那真真实实的吃透世界、化茧成蝶、物我合一甚至两忘的味道。

东坡在乌台诗案经历生死危机之后，被贬黄州第三年的寒食节（中国传统节日，在夏历冬至后105日，清明节前一二日）写了两首五言诗：

自我来黄州，已过三寒食。年年欲惜春，春去不容惜。今年又苦雨，两月秋萧瑟。卧闻海棠花，泥污燕支雪。暗中偷负去，夜半真有力。何殊病少年，病起须已白。

春江欲入户，雨势来不已。小屋如渔舟，蒙蒙水云里。空庖煮寒菜，破灶烧湿苇。那知是寒食，但见乌衔纸。君门深九重，坟墓在万里。也拟哭途穷，死灰吹不起。

这两首诗写得有些悲观，我却特别喜欢这两句——"暗中偷负去，夜半真有力"。它的大意是，美丽的花经过雨水摧残凋谢，春天就像被有力的造物主在半夜背负而去了，叫人无能为力、无计可施。

有时候，特别想要珍惜一些东西，可是已经来不及。在人生中，这种感觉特别难以处理。心理学可能也帮不上忙，只有化作诗词书画等作品方式，才能把人生的感觉像酿酒一样处理，等待时光后来的释酿。

所以，珍惜春天的心，只能记取，不能真正贯彻在这个季节里。花开花落自有时，春天容不得"珍惜"二字，因为流逝是必然。时间其实也给不了答案，到后来的"放下"，只是你自己释然了，或者有什么新的际遇和缘分。

平姐跟我说，要接受因果。世界上令人悲观的事情太多了，就像令人乐观的事情一样多。

虽然悲观，但字太美，就让人觉得世界还挺好的。《寒食帖》被一些评论家叫作"绵裹铁"，用墨丰腴，横轻竖重，大小不等，随性里面有股不执拗的精气神儿。诗书画的能力，可以让自己的精神优雅且有力，如同三毛诗中所说的，要"站成一棵树"，而且是一棵花树。

我经常去看的一个中医馆门口，有一棵非常清新的杜梨树。纯净的蓝天，嫩绿的叶子，白色的密密麻麻的花儿，能将灰沉沉的视野瞬间点亮。一个阿姨带着孩子，说一直想知道是什么花儿，想让我摘一朵上网查查。一个中年人被叫作小姑娘，那自然是要帮忙的。可惜我跳了数次，都没有达成她的心愿。我只能告诉她，大概是杜梨，"杜梨海棠春蝶恋，云中飞仙情悠然"的那个杜梨。

我就猜想东坡肯定写过梨花，一查还真有，叫《东栏梨花》——

梨花淡白柳深青，柳絮飞时花满城。惆怅东栏一株雪，人生看得几清明。

梨花为什么那么纯净啊，它能让失意的人不那么在意是否失意了，居俗世而自清，将这纷杂的世俗人生，也可以看得那么透彻与清明。

在书画界，米芾的名气，在后世似乎比东坡高。而实际上，北宋书法家，也是以苏东坡为首的，所谓——"宋四家"，即"苏、黄、米、蔡"（苏轼、黄庭坚、米芾、蔡襄，一说蔡京）。

"本朝善书者，自当推（苏）为第一。"这是黄庭坚评价东坡的。

他的书法为什么会好？他自己说的是——"无意佳乃佳""我书意造本无法，点画信手烦推求"。师心自用，想怎么写怎么写，想怎么画怎么画。这是狂吗？不是的。大家要记住，一个说过极端之话的人，他肯定还说过完全相反的话。

笔成冢，墨成池，不及羲之即献之；笔秃千管，墨磨万锭，不作张芝作索靖。

写坏的毛笔能堆成冢，清洗布帛和毛笔后，能把一池的水都染黑，这样勤练的话，就算写的字不如王羲之，也能达到王献之的水平；写秃的笔上千支，磨掉的墨上万块，就算不如张芝，也能追上索靖的高度。

苏东坡在乌台诗案之后被贬谪到黄州，米芾不惧牵连风险去拜访他。东坡劝米芾在书法上应取法直追晋法，而不是仅仅学习唐人和近人。因为东坡自己太喜欢魏晋气质了，对魏晋书风的欣赏是终其一生的，他不仅对"二王"顶礼膜拜，也极为看重唐人和近人书法里蕴含的魏晋风气。

米芾书法脱胎晋人，已是公论。米芾和东坡相差14岁，在这位老大哥的点拨之下，米芾真的就通透了。米芾早年只学唐人和近人，听了东坡的建议，才开始了风格转化。

米芾是狂的，他对同时代的书法家并没有如何推崇，更没有学习借鉴什么，他就只听东坡的。

在后人的评价里，实际上米芾跟很多官场中的人交往都是功利为主的，他一生官不过七品，一直在权贵中求取机会。比如吕大防任宰辅的时候，他去讨好逢迎；对于自己的密友蔡京，也是反复无常。曾布任宰相时，米芾称"足迹不登于蔡氏"，第二年蔡京登相，又马上写信补救，后来更是称其为"大贤"，两面三刀，丢尽文人脸面，极尽阿谀奉承之能事。只是两人相识于微时，所以蔡京也不是太计较。米芾晚年官拜书学博士，全赖蔡京举荐。

人都是复杂的、多面的，人与人之间的关系不是三言两语能说明白的，要是那么容易看明白、说明白，谁都能当造物主了。

不过，跟东坡的交往关系，是米芾内心的一块"圣地"，不容利益和世俗去污染，两人的书信，除了关心生活起居之外，几乎全是书法交流、诗词唱和，等等。无论微时还是显时，两人的心对于彼此的关系，都没有怎么变过。东坡就是能把人都净化了！让人把好的一面绽放出来！

东坡感叹他们初次相会时的场景——"复思东坡相从之适，何复可得。"人生最好的状态大概就是倾盖如故。

所以人与人之间的关系，有时候真的就是天意，无法改变的。那个中滋味只有自己能品，品了也分辨不了到底是为什么。每个人的独特性，以及两个人之间关系的独特性，是只是上帝知道的秘密。东坡和米芾两人一起引领了北宋的尚意书风。那为什么后人爱临摹米芾，更知道米芾，而对于东坡却模仿者甚少？

有人说，东坡的字，似持古琴弹了一曲广陵散；而米芾，像一个交响乐队演了一曲《忐忑》。交响乐是相对标准化的、有逻辑的、可复制的、可学习的、能流传的，而神韵这东西，只能意会，结局只能是失传。

东坡强调书画同源，米芾称他的字是为"画字"。画出来的字，强调的就是那股天下独一份的元素。他们还一起开创了文人画。"诗画本一律，天工与清新。"东坡爱画竹石。前几篇文章里说的那个已经"身以竹化"，就是胸有成竹而画竹，强调内心无我合一而输出作品。所以文人画成为一个独特的风格，"运笔潇洒，气韵生动，独抒性灵"。

为什么东坡干什么都行？哪个领域都能创造奇迹，还能带起来一批人？这个"人间宝物"，自己只要挖掘挖掘自己的心和脑，就能改变生活的气氛和滋味。他太有才华也太刻苦了，闲不住，总是把自己的时间排得满满的。

　　把时间都用来创造，就不会有什么"江郎才尽"之说。才华这东西，也有复利。不断挖掘自己，再吸收内容，再挖掘自己，再扩展领域，继续挖掘自己，再拥抱友人、贤人、后人……

　　走到哪儿，都能就地取材，经过"东坡化"后，成为奇迹。

　　依然祝好！

水姐

第九封 东坡性格与企业家精神六通

朋友:

你好。

我们中年人,大多是人生中最年富力强的时候,也是企业家、创业者中的最重要的人群。我有创业经历,也采访过很多创业者,也有不少创业者朋友。并且,我想我的人生未来很长时间会在创业状态中度过。企业家精神这个主题也很重要。这篇就写写苏东坡对创业者的启发。

我能体会到,东坡成了这个乌卡时代、消费主义和娱乐主义盛行而无聊无奈的时代,大家可以拣枝而栖的存在。

现代人都需要自我宽慰、自我突破,接得住人生的种种预料之中及之外的"安排"。东坡不是个神,是个时而舒展、时而激烈、时而暧昧、时而狡黠甚至哀怨的大活人,大雅亦是大俗之人,但他永远能想方设法拯救自己,启发别人。

他是红尘滚滚之中,令意志力、悟性速燃,让韧性、哲理性恒暖的人,速燃而恒暖千年,实属不易。

跟丹麦哥本哈根商学院国际经济与管理系的终身教授李平探讨,他认为,东坡的个人韧性与组织韧性有很多相通之处,东坡的经历可以给企业家提供很多启发,我试着总结了几点。

第一点是连续创业。无疑,他擅长把自己清零,重新开始。

去一个地方,就做一个地方的事情,如果不得不离开或者自己选择离开,就再去做一些别的事情,从头开始,别怕也别遗憾。人生永远需要创造新的价值。

在黄州,他从一块废地里平地而起,建了农庄和房子,不仅能够养活家人,还开创了一片精神文化交流的平台,在雪堂,各种道士、画家、诗人、朋友在这雅集。但皇帝一纸命令,他不得不放弃所有,重新开始。

他为自己的养老事业开始谋划,就在江南买地买房,买完一个古宅,最后听见老妇人哭泣几百年家业被儿子卖掉,自己流离失所,便心软把房子还给了她。后来,因为种种原因,他也没能在江南养老,又放弃了这里的家园。

他被贬惠州,又建设了新的家园,包括在"朝云堂""白鹤堂""德有邻堂",等等。他去每个地方,无论境况如何,做什么事情都很投入,都当一个巨大的长久的"项目"在做。虽然他也知道也许有一天会离开。

你抱持的长期主义,虽然并不能真正在当下实现,但会留在历史文化里。

有个创业的读者跟我交流说:"我们做企业的就是做事,市场好时要做,市场不好时更要做,客户高兴时要做,客户不高兴时也要做,各种监察之下要做,大事小事都要做,车轮滚滚不得不做,很无助,很无奈。如履薄冰,如临深渊。好在世界既残酷也温柔。寒来暑往,凡事内求,天道真的酬勤。"

他曾认为,做事是一种责任,受到我写苏东坡文章的启发,他开始觉得做事更是一种习惯罢了。环顾大千世界,有很多事情唯一确定的就是不确定。而喜欢苏东坡的缘由之一,就在于把不确定变成确定,并和他人共享变的过程和结果。

创业是一种习惯和生活方式罢了。我们可以把人生当作公司,并成为"连续创业者"。不用害怕失败,不用害怕撕裂,一生总在奋斗中,既狠心又温柔。

第二点是悟性。苏式悟性成就全才。

东坡当然是有悟性的，不然他也不能精通那么多的领域，成为那么多的"家"。

林语堂说，苏东坡是一个秉性难改的乐天派，是悲天悯人的道德家，是黎民百姓的好朋友，是散文家，是新派的画家，是伟大的书法家，是酿酒的实验者，是工程师，是假道学的反对派，是瑜伽术的修炼者，是佛教徒，是士大夫，是皇帝的秘书，是饮酒成癖者，是心肠慈悲的法官，是政治上的坚持己见者，是月下的漫步者，是诗人，是生性诙谐及爱开玩笑的人。

《四库全书总目》中说，苏轼的著作很杂很广，还时常说医理，评价道："盖方药之事，术家能习其技，而不能知其所以然。儒者能命其理，而又往往未经实验。"这是指，一般来说，医术高的人，通常不能明白更深更广的道理；儒者能明白更深更广的道理，却往往缺乏实际操作经验。

这跟苏东坡自己在《石钟山记》写到的"士大夫终不肯以小舟夜泊绝壁之下，故莫能知；而渔工水师虽知而不能言"，实际上是同一个意思。

现代的企业家，在乌卡时代，要对什么都敏捷、都精通，才能适应时代和市场无情的变化。他们对于最新的宏观环境情况、业界顶尖前沿的东西都要能瞬间学习，对于人性和人情能更好地把握……悟性，能够帮助人们适应各种不同的事业阶段和人生境况。

根据王馨、李平的研究，所谓"悟性"是指怀抱放下束缚的心态，采取非二元对立的观察方法，运用取象比类的认知模式（有直觉、想象、象征、联想、类比等要素所构成），获得求解问题之本质洞见的思维过程。

其过程主要包括：知止——主题知识领域求解卡壳；归零——放下束缚回归问题原点；内观——运用不同于科学观察的方法获得原创却模糊的总体思路；启发——在非主题知识领域通过联想与类比触发跨越的相通启发；洞见——获得求解问题的清晰本质洞见；落地——通过严谨论证构建创新方案。

第三点是韧性。

吕特在《苏轼与我国民族文化性格的成熟》（《船山学刊》2005）里提出，"他的出现标志着我国民族文化性格的成熟"。

为什么东坡数度起落,能保持精神上的坚韧不拔?

有学者的一种解释我很认同,大体上说是——他旷达超脱、执着韧性、幽默谐趣、圆融通达。

东坡在入世与出世之间找到了一个最佳的结合点,处顺境时不骄惰逸乐,在逆境中能随遇而安,用乐观、洒脱的态度对待人生。

他在面临灾难和打击的时候,始终能保持韧性的精神意志。

韧性,是个物理学概念,表示材料在塑性变形和破裂过程中吸收能量的能力。韧性越好,则发生脆性断裂的可能性越小。

我的材料学教授朋友跟我说,韧性,简单来讲就是受冲击而不破碎,变形中还能吸收能量。这是多么有意思的概念啊!当你承受痛苦,被扭曲变形,但你超越这个过程的时候,吸收了更多的能量把自己变好变强了。

中国人最能忍。勾践一生大起大落,战败后在夫差那里,亲尝粪便,卧薪尝胆,受尽种种屈辱之后,他终于卷土重来;黄国平的博士论文的"致谢"部分在各大网络平台走红,他小时候受尽了生离死别之苦,母亲离家,父亲早逝,婆婆病故,曾经家徒四壁,上学经常拖欠学费被约谈,靠着简单的信念"把书念下去,然后走出去,不枉活一世",撑过了人情冷暖和所有苦难。靠着韧性,扛过了22年求学路,一路风雨泥泞,如梦一场。

"人生如逆旅,我亦是行人。"从苦闷中走向旷达自在,从现实接二连三的无情打击走向意志坚强与生命韧性,那就是人生啊!

所有的创业也是如此,九死一生,韧性很重要。

用彼得·德鲁克的话说,在动荡环境中,一个组织必须做到既能经受住突如其来的打击,又能充分利用突然的意外机会。用《尚书·大禹谟》的话说,"人心惟危，道心惟微；惟精惟一，允执厥中"。

第四点是忧患意识。

宋朝的战略思维总是用金钱换和平，东坡在《策别十六》中写道："夫当今生民之患，果安在哉？在于知安而不知危，能逸而不能劳，此其患不见于今而将见于他日。"其认为，以物求和求安，总是有弊端和病根的。

"奉之者有限，而求之者无厌，此其势必至于战。不先于我，则先于彼，不出于西，则出于北。"他的危机意识很强烈，从后世来看，他的感知和分析能力又比较确切，跟我们从历史后视镜里看的，几乎一致。他的使命感也很强烈，总是在救灾抗灾，抗疫捐钱建最早的"方舱医院"，救水灾、虫灾、旱灾、雪灾，等等。

企业家必须要具备忧患意识，包括危机感和使命感。人不能没有忧患意识，没有忧患意识，就会把自己陷入不平衡之中，往后会付出更多的代价。

第五点是平常心。

除了忧患意识之外，其实要紧跟着一颗平常心。

创业容易急躁，容易急功近利，容易慌张失措，容易得失心重，容易在乎一城一池，容易害怕恐惧孤独，但也应该放下些。

是啊，不成疯成魔就不能创业吗？偶尔也要跳脱出来，"不识庐山真面目，只缘身在此山中"（东坡《题西林壁》）。

韩愈认为，有得有丧，勃然不释。对于得失都不放过，才能感觉到世间的不平，不平则鸣，才有艺术创造。而东坡却认为，艺术创造是轻松自由的流露，一颗平常心对待便好。

保持平常心，才不会傲慢。傲慢是要有代价的。

第六点是禅宗、中庸与灰度。

东坡习禅，师从东林常总禅师，弟弟苏辙师从上蓝顺禅师，常总和上蓝顺都属于临济宗黄龙慧南的弟子，所以二苏是师兄弟。他们认为，无情之物跟古佛一样，演说着根本大法，从不间息。乾坤大地，日月星辰，都在说法。

所谓参禅，真面目只是自己心里有数，无法用理论性的语言转述给别人听。东坡在《杭州请圆照禅师疏》写道："大道无为，入之必假闻见，一毫顿悟，得之乃离聪明。"

人世间太复杂，参禅也并不是顿悟即可。这里谈一个任正非的"灰度管理"概念，或许跟苏东坡的参禅有点相通之处。

吴春波在《基于灰度观认知企业管理》里谈到几个核心的观点：任正非以"灰度视角"洞察外部商业环境，从不抱怨环境险恶，以乐观态度评价宏观问题，他看待时间是灰度的，所以充满忧患意识，认为活下去就是硬道理；他认为，要开放也要妥协，不是什么都是同一个执行标准，比如高层决策要慢下来，而基层执行要讲究效率；高层要"任人唯亲"，中层要"任人唯贤"；高层要脑袋仰望星空做战略思考，中层要不断跑不断学，基层要专注自己的事情，别胡思乱想；他还强调要甘于平淡和耐得寂寞，而不是一味强调必须马上创新出成果。

一切都是辩证的、中庸的，就如苏东坡所说的，"所谓中庸，就是通过各个极端，来持续创造一个中心"。求真务实、理想主义、实用主义、乐观主义是可以统合起来的。事情复杂，是因为多面性，世界没有唯一的通行钥匙和密码，只能靠自己去不断地形成新的见解，然后不断破除它、更新它。

总结一下，企业家、创业者，必须要有连续创业的斗志、悟性、韧性、忧患意识、平常心以及灰度思维。事业心最强的就是这群人，对于普通人来说，其实也一样，管理自己的事业心和能力系统，靠的也是这些方面的精进。

依然祝好！

水姐

第十封 用活活泼泼的灵魂反内卷

朋友：

你好。

"内卷"是这两年很火的词汇，哪个领域都在谈"卷"的事儿。用苏东坡的视角怎么看待它，又有何解决之策？有什么事情，先去"请教"下这个中年好友吧。

楚国宋玉写有一篇《风赋》，简单来讲是这样的：

楚襄王在兰台宫游玩的时候，突然一阵清风吹来，他感觉到爽快，就问宋玉：这风，寡人和百姓都可以共同享用的吧？

宋玉说并不是，这风是大王才能享用的雄风，清清凉凉的，功用还很多，能治病能解酒，还能让人身心安宁；而百姓享用的那是雌风，吹到嘴唇上就生疮，吹到眼睛就变红眼病，总之这风不好，让人得病，厉害的话还会令人抽搐、大叫甚至半死不活。

宋玉这么说，是为了说明社会不平等，身份阶级、所处环境不一样，吹来的风也不一样。宋玉的观点，用现代人的话语体系来说，你看啊，连风都内卷，每个圈子都有自己的风。

不过，苏东坡是不太同意宋玉的。他写过《快哉此风赋》，他认为，风是自然界的存在，它对所有人都是公平的。这个平等主义的倾向，在古代思维里已经挺可贵了。人不是生来就该被吹什么风的。社会阶级，也不是决定人的际遇的唯一因素。

"风无雌雄之异,而人有遇不遇之变。"决定人事变迁的最积极因素,该是一个人的道德和修养。修养这件事太重要了,比如施行仁政的官员,是可以让百姓畅快的,至大至刚的浩然之气,是可以让风气净化的。

苏东坡的观点,用现代人的话语体系来说,就是打破内卷靠修养和素质。有些人的出现本身,就是一个机构、组织、企业的所谓氛围的主要基调,他就是那气氛、那空气本身。

风,并不内卷。内卷的是顽固不化的、既得利益者的、自我良好的优越感。而要防止内卷,只能不断去做出改变的努力。怎么努力?靠自己的修养去努力。谈道德感太沉重,而改变命运的方式,就是靠自己的修炼。

做个永远活活泼泼的灵魂,要建桥不要筑墙(Build bridges, not walls)。愿你历尽山河,仍觉人间值得;愿你出走半生,归来仍是少年。

苏东坡的思想里,甚至一直在做一个努力。事实上,中国有为的士大夫们一直在做这个努力,那就是通过平衡相反的利益来创造一个整体。这让他们要求自己必须博学多才,还有某种现代意识里的尊重多样化的需求。

苏东坡也写过《中庸论》,他对"中庸"这个概念的解释是:通过结合各个极端,来持续创造一个中心。

这个解释画面感极强,仿佛有N条各个方向的绳一起扯着同一个结,这个结会越来越紧,这个核心会越来越坚硬。最终,线条越来越多,越来越密,成了一个满满当当的圆,而圆心是那个反复验证的内心修养的内核。

苏东坡的理念是:人就是要相信自己可以改变自己的困境,因为相信自己能够了解万事万物作为一个整体的一部分的真正价值。"天下之势,譬诸一身。"

哈佛大学教授包弼德研究苏东坡时说,中庸意味着要认识到事物的两面都是必要的,每一部分都有它特定的功能模式和发展方向。如果让一部分孤零零地存在,它就会走向毁灭;如果与其他部分联系起来,它的自然趋向就会被建设性地引导。

苏东坡认为，事物有内在之理，个人能够通过考察事物的变化、奇变和更动来理解这种内在之理。所以，适应吧，所有无常。

中年人学苏东坡，可能更高阶地应该学这个。这种自信是来自于天地之间的，又是有哲学基础支撑的。

生命本身也是一个活活泼泼的演练，一个涉及一生的演练和改变。

我在一个公众号上看到一篇文章，里面讲，英国著名电影制片人查理·泰瑞尔的父亲过世后留给他一堆录像带盒子，里面记录了查理·泰瑞尔的父亲和奶奶各种激烈争吵的场景声音。奶奶是个脾气性格很差的人，对三个儿子使用暴力，而爷爷根本不管儿子们的遭遇。

在他们原生家庭中，奶奶的父亲也是个控制欲很强、有严重家暴倾向的人。查理·泰瑞尔的父亲有个信念，绝对不能让坏的情绪、恶的个性往下传承。他把内心的伤痛深埋心里，只是一心一意地约束自己的言行。他用了大半辈子时间，走出了原生家庭的轮回，让一切苦难到此为止。在所有人看不到的地方，打赢一场与命运的斗争。

怎么战胜命运啊？修养，修养，还是修养。苏东坡也是啊，修炼自己，唯有从各个方面修炼自己，自己才能战胜命运的不公。天地间随机的安排，刻在自己身上的别人的影子和伤口，都可以靠一生的实践对抗、去消解，从各个极端的拉扯中形成自己更加坚实的内核。

在这个消费主义的社会，人类有很多短需求、眼前需求、即时需求，商业会趁机而入帮助大家全部解决。很多人懒懒地、随意地、不费脑筋过着这一生，所以会觉得生活和时代把人裹挟着往前走。以前我也信这种观点，现在不太信了，因为信就是随意了。随意本身就是一种被裹挟的陷阱。人应该永远保持修养，并且活活泼泼地践行自己的一生。为了某个非常长期的目标，跨越人性的弱点和求死欲，好好活着。

依然祝好！

水姐

第十一封 在文本与现实日益交织的世界存在

朋友：

你好。

人生就是这样，文本世界（人们所创造的文字世界，如诗歌、词曲、散文、小说、电影等）与现实世界通常是交织的。

在创作者那里，由于通感能力太强，交织力更是有乘数效应的。文本输入现实，现实又输入文本，相互加强。越是高手，输入输出体系越通常，端口越多系统越复杂。有些人是学以致用的极致追求者。

比如苏东坡就尤其擅长写梦，写得跟真的经历过一样。他把梦也当成了生活中必不可少的一部分"真实"。

在徐州，除了有一个因他抗洪而留下的黄楼，还有一个燕子楼，他也为它写过一首词，叫《永遇乐》：

彭城夜宿燕子楼，梦盼盼，因作此词。

明月如霜，好风如水，清景无限。曲港跳鱼，圆荷泻露，寂寞无人见。紞如三鼓，铿然一叶，黯黯梦云惊断。夜茫茫，重寻无处，觉来小园行遍。天涯倦客，山中归路，望断故园心眼。燕子楼空，佳人何在，空锁楼中燕。古今如梦，何曾梦觉，但有旧欢新怨。异时对，黄楼夜景，为余浩叹。

盼盼是谁呢？那是绝色佳人关盼盼，据说是唐代张建封将军的妾，曾居住在燕子楼。后来张建封死了，她感念张的恩情，十年不嫁，独居直到病逝。

苏东坡有一天梦到了关盼盼，就写了这首词。梦是可以化为作品的。人们眼中所见的、心中所想的，都是可以变成诗歌的。

所有脑中、心中曾经到来过的元素，皆能为我所用，这样的记录才有时光的线索和生命的印痕。有些人就是有能力讲自己的所遇、所学、所经历、所传承，真正理解的本质和要素全部注入自己的作品之中。

就像泰戈尔认为的，人凭借五官的直觉，遇到自然界或现象世界的色彩、光明、声音、运动，便是一大喜悦，因为他由此听到、感受到了"无限"或"最高真实"的"呼唤"或讯息。

通常就是这样，我们遇到了什么好坏事，有些喜悦、痛苦、崩溃也是瞬间的，如果那瞬时的情绪能够被展览出来，一定是世上最绚烂的东西，因为足够淋漓尽致。在这个意义上，至暗的风霜也可以化为风景。

人生究竟是不是一场梦，庄子不知道，李白也不知道。庄子只是把自己变成了蝴蝶，变成了第三人旁观，他觉得一切都要顺其自然，"吾身非吾有"，主体性的努力似乎是没有什么用的。而东坡觉得做一辈子人，怎么能不做自己？寻找自我的热忱，他一直就有，比我们现代人还现代。

人生若是不再拘于外物、奔逐营营，自然可以放下，那个自我不再是狭隘的，而是广阔天地中的自由灵魂。

李白在《春日醉起言志》写道："处世若大梦，胡为劳其生？所以终日醉，颓然卧前楹。"李白总是醉，醉得像个仙人，所以世人是学不会的。

苏东坡跟李白不一样，他在《谷林堂》写道："寄怀劳生外，得句幽梦馀。"如果觉得人生虚幻，那才是最深刻的痛苦，不如尽力去找找生命价值。做不了仙人，要做好一个世人，做一个好人。

他在《永遇乐》里，也有对人生如梦的超越性理解："古今如梦，何曾梦觉，但有旧欢新怨"，意思是摒弃怨恨之情，就能超越如梦的人生。看来，对人生的悲戚和痛苦，选择性遗忘是最简单的重生。那怎么找到人生价值呢？就是不纠结在细枝末节的心绪里，摒弃负面的感受，让自己无论如何找到好的方向。所谓，真正的"苦大而不愁深"。

怪不得专门研究东坡的王水照教授说，苏轼对人生的体会比白居易、陶渊明、王维等诗人更加丰富、深刻、全面。因为没有人比他更积极、更主动、更乐观。王水照总结了苏轼的狂、旷、谐、适等性格，认为这四项构成一个完整的性格系统，统一于他的人生思考的结果之上。东坡对生活中的每一个难题，都有自己一套的理论答案和适应办法。所以，请记住，我们要解开自己的问题，必须乐观。

为什么人的精神世界永远无穷，是因为自愿投身在永恒的搜寻之中，所见、所闻、所想、所梦，均可为我所用，真真假假，借假修真。

有一种说法是地图不是领土。（The map is not territory.）人只拥有由感官经验塑造出来的世界，没有绝对的真实世界。所以，人是可以改变自己的记忆的，甚至把童年的印记都换种方式存储。人可以改变自己的领域非常多。不要相信自己是变不了的。

在中国文化史上，苏东坡似有一个任务，走遍中国，采撷当地的各种元素，混入自己的灵魂底色，好让各地都可以追寻他的精神脉络，经久不衰。这表明，人生其实不是梦，每一步都算数，每一步都有痕迹。

他带给人们一种启发：任何时代、任何社会、任何人的人生，都需要去理解、去反思、去预见。而无论环境如何，心境越是自由，没有恐惧，越能得到美的享受。

人们对东坡所创造的文化世界，曾有"苏海"之称。本来是"韩如海，苏如潮"，后来人们觉得苏东坡更像一片海。把自己的人生变成一片海，容纳各种奇奇怪怪的鱼和鸟，诞生各种各样的生机，即便里面是苦的、涩的感觉，也依然有自己的博大精深。

现实性之外，一定要有超越性，才能造就连绵不断的文化怀念。苏世独立，横而不流。我们就在这水一方。

灵魂的动态，错过了也就错过了。变动不居的过程，更容易盛下这种丰盛。记得去下载灵魂的这些动态。人类精神生活是与整个外部环境互动互摄的心智活动。这些心智活动，也是人生意义。

达则兼济天下，穷则独善其身，简称叫"达兼穷独"。还有一句便是"用行舍藏"，被任用就行其道，不被任用就退隐（《论语·述而》）。人要不断地接受因果，而不只是接受生死那一件事。

苏东坡爱读《华严经》，他认为"如华严经举因知果，譬如莲花，方其吐华，而果具蕊中"。接受因果，就像欣赏一季里一方池中之莲，心里平静，因果自然绽放。

林清玄先生也曾说："既生为人，就要有勇气承担有可能发生的一切。"

依然祝好！

水姐

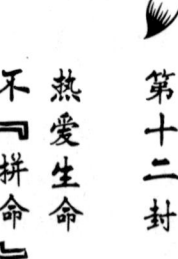

第十二封 热爱生命 不『拼命』

朋友：

你好。

2021年的"520"发生了很多事。那天早上先是明星夫妇官宣离婚，打破了这"商业爱情节日"的氛围；后来财经界有悲伤的消息传来，贝壳董事长左晖先生，因为疾病恶化去世，他才50岁；两天后，甘肃白银山地马拉松百公里越野赛21人遇难，冻死的一半都是顶尖高手。

生命真是复杂，而且不易。这几年，各种生离死别的事情太多了。如何在这种氛围下更加珍惜生命啊？

这一年来，每当有悲伤的事情发生或者有想不开的事情萦绕我，我都习惯去苏东坡那里找安慰。每次还都能找到，仿佛已经建立了信使RNA（信使核糖核酸）般的通信制度，总能有适合激活自己的修炼机制。

先讲一个故事。

把东坡贬到海南的章惇，年轻时候是他的好友。他们俩经常一起游玩，有一次去了仙游潭。要到这个潭，非常困难，要经过一条非常狭窄且凶险的小路，在万仞绝壁之下。

章惇突发奇想，想邀东坡去潭边的岩壁上题字。东坡"不敢"，章惇却铤而走险，到了石壁，题字"章惇苏轼来游"。他为了"留名"，不顾性命。

东坡对章惇说："你以后当了官一定敢杀人。"章惇问为什么。东坡说："你自己的命都不要的人当然敢杀人。"胆子大，可以突破很多发展障碍和边界。爱冒险，能成就自我，也会遭到反噬。一切都是概率和平衡。

但东坡是真怕死吗？当然不是。他治过军，操练过军队，总想上阵杀敌。

我们来看看，他临死时的表现——

他说："吾生不恶，死必不坠。慎无哭泣以怛化。"

他死得很坦然，一点都不害怕。对死亡达观，对自己人格的坚信，让他死得潇洒。人，其实活的是一个自我长期认可的感觉。

他也是个凡人、俗人，并不是个大圣人。他也想过自杀。比如他在湖州因为嘲讽诗文当着全城百姓被押解的时候，曾经一度想要跳进太湖；他在乌台诗案中，被各种审讯时，也不是没想过要自杀。但他最后还都是惜命的。人要在极端压力和困境中扛下来，但不可轻易地冒险，不要永远在走钢丝，不要永远追求刺激，对生命要慎重、尊敬。

热爱生命的人，一定不是目标感非常强烈的人，他会随缘一些，旷达一些，欲望和野心都少一些。东坡喜欢喝酒，但喝得不多，喝酒就开心，看着别人喝也开心；他喜欢下棋，棋艺却不高，胜也喜欢，败也喜欢。他一直在追求养生，研究美食、中药方子、瑜伽、养心安神、美容养颜等方法。反正对于他而言，这个世界全是可以"文字化"的，他可以用生命为世界文身，无所不文，所以可以兼容并包，这种"包"，是因为他"战于内"，不向外求，自然更加重视生命的感受，珍惜生命自己的启发，外物皆可触发。

在《东坡易传》里，他这样写道："君子黄中通理，正位居体。美在其中，而畅于四支，发于事业，美之至也。"意思是，君子黄色居中而兼有四方之色，有健康居正的身体才能施行通达。美在其中，还要身体四肢通畅才能体现出来，才能发达事业。

东坡劝人，身体一定要好，事业才能更发达。而我们现代社会所谓的拼命，都是以耗损生命元气为代价的，或者总是为了做成某件事，去冒生命危险。

"内卷"这个词在2021年这一年多疯狂啊，其实跟多年前的那个"圈层"概念相互影响和重叠了。其实大家都是在自己的圈子里玩，至于圈子及其文化有没有增长、更新，不太关心，只要周围人还是差不多的行为方式，没有什么动荡感，怎么都能活着。

有个作者朋友，她所在的是房地产行业，她觉得那是个夕阳行业了，大家以1%~2%的净利润为目标了。行业内的人，并不是怕内卷，而是怕被"卷出去"。

2021年5月4日，比尔·盖茨夫妻宣布离婚，表示不能共同成长之后，盖茨的绯闻不断。接着新闻又传出，盖茨可能要离开他创办并领导了数十年的微软董事会了。人们发现，世界首富、世界首善，人性也并非那么完美。

现代人的传播思维主要靠"人设"，把人分为各种类型的人，然后找到他们最典型的代表们、顶流们，把他们卷起来。现在顶流也被卷出去了。世界首富、世界首善、好爸爸、好丈夫、好人，原来的那些评价，现在看起来是多么虚妄的一件事。

我体会的"内卷"，用文艺一点的说法大概是这样的：就像树叶，如果空气、阳光、水都是稳定供应的，那姿态应该是绽放的，而枯萎的标志就是卷起来。大概就是，生态中的资源和能量不够了，其运作方式不对了。

人不能太"拼命"，是指不能一直在很亢奋的状态下运行。亢奋会消耗生命元气，会让自己的生命无法绽放。人并不需要时时燃烧自己、激励他人，因为这也是全世界焦虑感的一把柴火。人不需要随时随地改变世界改变行业改变人类，现在是赞扬该隐退时就隐退，平常心平常人的时代。

我越来越觉得，自己对任何人、任何事并没有那么重要。我看了太多的创业狂、工作狂了，有时候非常敬佩，有时候会觉得这样的状态非常有压迫感。人的生命是要留白和呼吸感的，是要知止知足的。不停奔跑才能留在原地，这种永远竞争的状态，会令人窒息和焦虑。

什么都可以先放一下。记住，什么都可以先放一下。就算是自己很享受的状态，或者是自己觉得自己太重要的状态。"此间有甚么歇不得处？"

"此间有甚么歇不得处？"这一句，来自东坡的《记游松风亭》——

余尝寓居惠州嘉佑寺，纵步松风亭下。足力疲乏，思欲就亭止息。望亭宇尚在木末，意谓是如何得到？良久，忽曰："此间有甚么歇不得处？"由是如挂钩之鱼，忽得解脱。若人悟此，虽兵阵相接，鼓声如雷霆，进则死敌，退则死法，当恁么时也不妨熟歇。

这段话，我特地摘录一下翻译，供大家细品："我曾经住在惠州的嘉佑寺，信步走到松风亭下，感到腿酸疲乏，很想找个能躺下的地方休息一下。抬头望向松风亭，还在高处，心想这么高，我可如何爬上去休息呢？就这样想了一会儿，忽然对自己说：'这里为什么就不能休息呢？为何要到亭子里才能休息？'于是心情一下子放松了，好像已经挂在鱼钩上的鱼儿忽然得到了解脱。如果人们都能领悟随遇而安的道理，即便是马上就要上阵杀敌，耳边听着战鼓声声，想到前进杀敌也是死，逃跑受到军法处置也是死，到那时，一样能放下顾虑，很好地休息一番。"

生死有命。

"有些人光是活着就花光了所有力气"，这句流行语类似的意思，毛姆说过一个版本："我用尽了全力，过着平凡的一生。"

而苏东坡也有一个版本："抑人生自有定分，虽一饱亦如功名富贵不可轻得。"

有时候，生命来不及等你热爱，就已经消逝了。其实也没有怎么"拼命"爱过谁、做过什么事，就轻易没了，一点都不轰轰烈烈、热热闹闹。

其实，热爱生命是可以从容的，是可以即刻开启的。在你面对困境和意外的时候，换一种思路改变自己的一点心境，都算是生命的创新和热爱。

人生无论何时的困境，皆因欲望和愿望得不到满足。内卷是一种困境，可以主动卷出去。

当东坡被贬谪到海南的时候,他对自己说:"学出生死法,得向死地走一遭,抵三十年修行。"修行看淡生死的境界,得向生死地走一回,这抵得上三十年的修行。热爱生命,不用那么轰轰烈烈。其实这个世界上的人类也活得够久了,科技日益进化,但感情和感受上并没有增添什么新的经验,只是生活方式在改变。生活感受依然如此,毫无新意。从这个意义上说,大家都卷不出去。要卷出去,就得靠自己拥有自己的心智控制权,顺应自然,淡然自若,独立自主,静观真乐。谁不经历风风雨雨啊,但经历风风雨雨之后,还能一身轻,就算厉害了。

当东坡终于可以离开海南北归的时候,路上遇到一座桥,他在海南养的狗,陪他经历风风雨雨的乌觜看了一眼他,没有陪他走过去,而是跳下了河,畅游而过!这酣畅淋漓的感觉啊,自由的感觉啊,风风雨雨算什么呢,最后还是可以清空一切,自由自在。

马塞尔·杜尚说:"我喜欢生活,喜欢呼吸甚于工作。我不认为我的作品将来对社会有任何重要性。所以,我的艺术就是生活艺术,每一秒、每一呼吸都是一件铭刻于无处的作品,既不是视觉的,也不是思考的,那是一种恒久的陶醉。"

依然祝好!

水姐

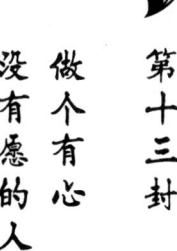

第十三封 做个有心没有愿的人

朋友：

你好。

热爱生命但不盲目拼命，做个有心没有愿的人。这两句其实应该放在一起。

有个作家说过，终有一天会出现一个人，让你像流沙，像落雪，那些别人在上面划了又划的痕迹，他轻轻一抹，就平了。苏东坡就是这样的"心灵的抚平者"。

希望你在人生遇到转折点的时候，也能像我一样，找到了一个新的入口，走得长一些、久一些，一路都有信念和助力。苏东坡类似一个生命阶段的醒目标记，给了人生一点"概念"和"风格"。

人生如果曲折太多，多过自己所预料的，需要不断拉高人生堤坝的那种，从东坡的经历看，其实反而会产生一种放松、潇洒自如的心态。

为什么这么说呢，就像东坡诗词里描述的意境和情景所示——"轻舟短棹任斜横"或是"小舟从此逝，江海寄余生"。

对于高感性的人群，不可能没有心，对人对事不可能不认真。只是现实中，诸多失望，诸多对于纯洁性和完整性的不可逆，各种事与愿违环抱人生。

所以，只有给自己加个功课，那就是付出所有，在意过程，不在意结局。

有一段时间我支气管炎发作，近十年来最厉害的一次。那时候我还在一个北方村子里调研，咳嗽到失声。在穿过一个奇迹工程——19条公路隧道的云台山叠彩洞之后，耳朵瞬间也快聋了。第一次有了当聋哑人的错觉，没有了声音，你发不出来，你也听不到。

后来觉得，那只是一个小小的个体面对困境的孤独局面。其实，我做好了人生独当一面的准备，至少是心理上的。就是不对他人抱有不切实际的期待、希冀和依赖。

有人说，你很爱苏东坡？我甚至都不怎么背诵他的诗词，我只是借读他在疗愈自己。人心千疮百孔，想想此前有人万窍玲珑，你能不去求取灵魂解药吗？

在这个什么都速朽的时代，概念速朽、科技速朽、爱情速朽、热情速朽的时代，可以从古人身上寻找一些人生的笃定感。无论发生什么事，他们总有他们的方式，过了这湍急的河流，还架起了一座长桥。短的、长的方案都有了。

他们总是研究心应该如何好好安放在现实情境中。真诚修己，仁者爱人，致良知，天人合一，知行合一，等等。

从孟子、苏东坡到王阳明，这个序列里，还是可以找得到关于心的学问的一贯发展史的。明代董其昌说，王阳明"心学""非出于苏，而血脉则苏"。儒家对心的研究，一直充满动能，也能求仁得仁。

而愿，似乎有太多的不确定性，好像更多的是玄妙的东西，也纠缠人的命运和意志。也许，佛和道，可以缓释一点点不安全感和不确定性，但也不能完全解决"愿"的问题。

在更长的生命体验和历程里，陶渊明、白居易和苏东坡，完成了儒释道的融合，让中国人的精神生活方式有了一个相对稳定的着落空间，可隐可达，或深或浅，总有去处。

"孟苏王""陶白苏"，这些人物随着历史的变迁，因心灵的因缘际会，组合到一起。其实，苏东坡真的是个重要人物，在文学文体上还有韩愈、欧阳修和他三个人的继承体系，所以"韩欧苏"也是一组。

圣-琼·佩斯在《蓝色恋歌》中写道："现在我回到了故乡……唯有心灵的历史才是历史，唯有心灵的自在才是自在。"

在这个务实主义的现代社会，我，有心没有愿，我有心认真诚实地做好每一件事，但我不会想着这会达成什么愿望和目标。

站在云台山上，我闭上眼睛，听见了远处的鸟鸣，捂住耳朵，只剩呼吸。只有关闭五官，心灵才会裸露出来，让你直面你自己。把全部感觉关闭了，梦才出现了。想其实是多余的。于是我也说，我只梦，没有梦想。

中国语言真是挺神奇的，我们习以为常的词语，其实是两个并不容易一起达成的字组成的，说明中国人的矛盾思想、整体思维和意境感的追求，真是挺旺盛的。

我只有心，只有梦，没有心愿，也没有梦想。生命是细水长流，最重要的是坚毅、真实和平常心。

苏东坡在临终的时候，僧人和友人们让他努力想想去往西方极乐世界，他们劝他："你的一生如此努力，现在最后一刻也要试试啊。"但他说："着力即差。"

愿望是面向未来的所得，人们在现实中也一直努力着。但如果没有了当下和现实，时间停止了，也就没有未来了。

我们的执着和不执着，都在我们自己身上。

也许所有的一切矛盾，都是相互的解药。如果人生回不了头，那么就地扎根，把痛苦当养分，让一切都重生。

人生要承认它很苦，才实在。唯有诚实，才能够更好地面对好自己。不用欺骗自己，总对外说自己很好、什么都不需要，心里受伤了就要积极寻找猛药、灵药赶紧好。

苏东坡的苦闷和洒脱是并存的。人就是一个全人，而不是完人。不用追求完全，也不用随时想知道个究竟。哲学家们都有一个共性，类似伏尔泰说的"我的行当就是说出我所想的"。

大城市里的人普遍孤独，因为彼此不懂，也没有动机去懂、去理解，所以习惯孤独是必修课。

有一次我在医院等验血报告的时候，突然之间一改之前的焦躁，有了不一样的心情，突然放松下来的闲适。人在医院怎么可能闲适？不是每个人都步履匆匆，神色烦躁吗？一个人看病打针不更是孤独等级的前几位吗？就在那一时刻，我突然不觉得了。为什么要焦躁，反正我是来看病的。我觉得一个人真好，可以看着乌泱乌泱的人群神色匆匆地来去。

我还在朋友圈写下了此刻的心情：此刻我想当一个闲适的人，当一个像神经病一样欢快的人。

突然觉得，这就是此心光明，自己点亮自己，自己跟自己好好过。其实人只有承认孤独，才不会被别人影响，才不会患得患失。

依然祝好！

水姐

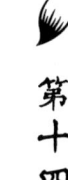

第十四封 找个东坡式的增量盘活自己

朋友：

你好。

赫尔曼·黑塞说过，世界越来越美了，我独自一人，却能自在，我别无所求，只想被阳光晒透。

我并不想过多强调孤独，在我这并不是一件快乐的、充满生命力的事儿，虽然也许有助于创造力。我们学的可是苏东坡，要活得特别好、特别丰富欢乐才行。

人的精神一直求全、求新，求浑然一体。但其实，应该允许苦闷和洒脱相互映衬、共存共荣。

中年，我们虽然过了理想茂盛的年龄，但是依然可以在有限的空间里保持理想主义、长期主义，尽管这些都会长期面临各种挑战和无端的挫折。

就如，我这几年一直从事的财经领域，其实这个世界也越来越平庸，无法高速发展了，到处都是"存量""平台""垄断""达峰"等词汇。

公共性领域的发展和个人发展，似乎面临同样的问题。整个世界处于中年期，国家的人口平均年龄也是三四十岁居多。根据第七次人口普查数据，中国人的平均年龄是38.8岁。

所以，无论是公共领域还是私人发展领域，通用的思路，也是寻找新的增量去盘活存量。

人只有在某个阶段、某个机缘，才会对某个人、某个事特别上心。像增加了一个维度一样，用这个增量盘活自己、拯救自己。苏东坡于我，就是这个特殊而美好的增量。

我记得我读中学、大学的时候，身边也有好朋友很喜欢苏东坡的，但也没有影响到我。我在想，生命的影响力，是什么时候才发挥作用呢？大概就是企图自救而别人也在召唤你的时候。悲欢并不是时时相通，但一旦相通就有无穷的力量。物以稀为贵，精神更是。

某个时间，就要找光。所谓机缘，一生也就不过那么几次。正如鲍里斯·帕斯捷尔纳克说的：人不是活一辈子，不是活几年几月几天，而是活那么几个瞬间。

所谓无常，大概就是生活的其中一根或几根柱子断了、折了，后来想想，只要还活着，一个或几根柱子的倒塌其实也不算什么，我还有更多柱子要自己重新排布，更新自己的人生安排。

步入30岁，大概是可以自称"中年人"了。其实还很年轻，但是要做好当一个中年人的准备，上有老下有小，左右有伴侣和朋友，随时会有无常和不测袭来。生活有时候会像欲坠的瓶瓮一样面临危境。

既然你已经不是孑然一身，成为一个局中人，自然会有很多感受。这些感受愈发真实与沉重。无论好的坏的，都会有加强效应。

苏东坡是具有现代特征的，他适合治愈现代人的得失感。他能吃能睡能梦，永远能重新站立。

他似乎告诉我们，人类天然内置了一个超越时间的东西，那就是梦。一梦就可以做完一生的事儿。人生如梦，全靠自己的想象力、韧性、豁达大度，超越自己的局限性和悲剧意识。

人生如大梦一场，很多重要的大事其实都是瞬间决定的。面对这种瞬间的无力感，只有缓慢的人文精神可以治愈。

"苏文如海"。每当我遇到什么问题，我都可以在苏东坡那里找到某种慰藉和宽心，我写下来，发在媒体上，不少人看了觉得也有收获，或者我其实写的不是苏东坡，而是我自己的感受。很多东西可能是有偏颇的、失准的，但至少治愈过我，某种偶尔遇见的力量是可贵的、一生稀缺的。

当我未来回想起来，有一段时间，我面朝"苏海"，迎接日升日落，潮起潮落，我有我的风平浪静。

就像苏东坡学习陶渊明一样，"屡从渊明游，云山出毫端"。在自己不安、怀疑、困顿、失落、孤独、无助等相对负面的情境里，人总是需要在精神上靠近一个人物的，如果现实里没有人可以依凭，就去找个精神偶像。

乐观、积极、旷达，其实大家都喜欢，只是无从找寻，更难以落实。与一个人对话交流，对自己的人生价值反思，并调整自己的心境，应该当成一件专门的事情来做。

我有时候觉得，苏东坡就像一个随时可以找的好朋友，他也不说话，就陪着你。他不是那么苍苍古板的古人形象，他也不坐在那儿书写，他就这样微笑着陪着你，告诉你，你经历的我都经历过，人生就是飘浮如寄，但我们还有能力有趣地活好。

形而上学的幻境也蕴含诱惑，尼采说："生命之于我们，意味着要不断将我们自身及所遭遇的一切转化成光与火。"为了让中年生活是简单的、独立的、宽容的、丰富的，我们不要为苍茫现实所迷惑，而忽略了它的弦外之音。

依然祝好！

水姐

第十五封 四月的纪念,江海寄余生

朋友:

你好。

这一封,谈谈我们中年人,如何面对缘起缘灭,往后余生。

在黄州时,东坡有时会过江去见朋友王齐愈,每逢风狂雨暴,不能回家,他就在王家住下。人偶尔需要彼岸,于是有个周末我也学东坡,跳脱自己的日常生活,渡过了一条江(这条江有点长有点宽,是长江),去朋友那儿待着。

晴姐是个非常有实操魄力,学习能力极强的资深创业者,她还非常懂生活和细腻的感情。在南京的时候,刚好下着雨。她开着车,给我播放了《南京下的雨》,想来,女人更懂女人,更懂消磨时间的艺术和浪漫。

歌里唱着:"曾经的誓言都随秋风远去吧。飘散在寂寞的石头城下……南京下的雨,纪念我们的爱情,就像一场老电影,猜不出结局。南京下的雨,留下太多的回忆……"对,大部分情歌里都是谈分别。

人生有两种分别:一种是,还有爱,因遗憾而别;一种是,不爱了,因各种各样的结而别。

有爱而别可以变成故事和情歌,比如东坡就写过很多的悼念妻子们的文章,他对每任妻子都挺爱的，不拒绝红颜但也不乱来，就已经值得褒奖，古代就是这么偏爱男性，到了现代，也没有改变太多。

不爱了而分别，似乎更是人生常态，也不能变成什么诗意和歌词，走着走着就走散了，也很正常。如果能不为利益和社会关系纠缠，不变成小说似的扭曲情节和社会问题，平静地、以平常心对待，也是一种现代社会生存和发展的基本修养，这才是真正的体面。

晴姐说，她们上学那时候非常流行一首诗，叫《四月的纪念》，问我听过没有？三十多年前，当时的中国纺织大学（现在的东华大学）刘擎和王嫣在1985年写的，在他们大概22岁的时候。当时这首情诗轰动一时，后来也一直成为朗诵界的名篇。

这么美好，这么浪漫，这么相爱的两个人，后来如何了呢？他们恋爱，结婚，一起去美国，他们的儿子在美国出生。

后来，他们离婚了……

男主人公说："这段十多年的婚姻，有过非常美好的日子，但最终我回国工作，她留在北美，以离异告终了。我和她仍是朋友，也为我们出色的孩子而骄傲。只是这样的故事，与这首诗对照起来，未免唏嘘。但无论如何，我们有过年轻时候的真诚，而生命的复杂历程往往是诗歌所不可及的。"

爱过也是真的，不爱了也是真的，放弃相守，彼此怨恨也是真的，重新做朋友也是真的。生命的各种界限，自己没碰过是无法感同身受的。

生命太复杂了。太多坎，太多坑，太多子弹，太多意外，太多"别人"了。渡过生命复杂的骇浪，不把自己淹没，靠什么啊？靠自己一点点把自己顶起来、立起来。

所以，人生路上，遇到各种各样的分离，也不是什么大问题。分别不是坏事，也不是绝路。无缘了，就接受因果。人生，无常是常，应泰然淡然处之。人与人之间，不是在一起，就是一个完美的结局，要接受各种关系的转型。

别执着，执着就必然焦虑、痛苦、纠结。那些在你认定的东西之外想不到的事情，更容易形成执念，有执念就会伤害自己，伤害别人。

人的一生其实只有一个问题，就是自己如何生存与发展。害怕失去某个人，可能只是因为不确定性笼罩，不知道未来如何。其实，想明白了，也就是自己的发展问题，跟另一个人毫无关系。那些紧紧绑着的内心和利益，也是可以解得开的，并不是一团乱麻。

我在乎的，永远是人生有没有更好的内容在出现、在生长。

再浓烈的甚至成为过"作品"的感情，依然很脆弱。因为人，不由自主的状态太多了。

一个人终究要面对的是自我和孤独。其实这也没有什么不好。一个高中同学的观察很是深邃，我重新组织下语言，描述一下独立男性和独立女性：

封建社会几千年下来，男人还是很有优势的，他们能享受社会中的遗世独立，特别是士大夫们，因为家里有一帮子专业分工帮他持家的人，于是孤独而丰富成就了中国男人的政治、文学等成就，东坡身边一直有值得爱的妻子们和孩子们，而现代男人还是享受着古代男人留下来的"思潮红利"，他们只要有一股劲，都可以靠自己东山再起，即便是做错了事，还可以被原谅。

而中国女人基因里对享受孤独相对弱势，还得靠历练，一次次从亲密关系中分离，直到最终找到独立的自己。有些女人不用修这一课，她们的生活一帆风顺而幸福，她们找到了对的人，并且愿意经营和付出。而有些女人则不一样，那是她们的必修课。通常，独立女性都是被逼出来的，因为命运变迁不得不接受的关系转变，但一旦树立自己在无常中训练出的真正的深刻和韧性，没有什么再能打倒她。现代女性应该庆祝自己真正的独立。

阿多尼斯写过："孤独的男人，一翼翅膀；孤独的女人，被折断的翅膀。"不，我觉得，孤独的男人和女人，都有同样的一翼翅膀。

男人，女人，最终都是独立面对人生。各种分别要接受，也要坦然面对生活的复杂性和感情的复杂性。不是单一的完美的关系值得祝福，而是任何觉醒都值得祝福。

随着治愈的过程，各种斑斓和丰盛将出现在生命里。

《四月的纪念》男主人公是刘擎，那个在《奇葩说》爆火的哲学教授。他原来是印染专业的工科硕士，后来去美国留学研究哲学，经他介绍的西方思想文化，总是充满了知识对人生的影响力和渗透力。他是知识界一个独特的存在，他写过《做一个清醒的现代人》。

现代生活越来越复杂，不婚族、离婚族、同性恋族、复婚族、隐婚族、隐离婚族或是离婚之后还必须一起照顾小孩的……人与人之间的关系太复杂，八卦谈资也越来越多。人越来越需要有自己的定力，想明白自己的生活模式，个人可以不管别人和社会怎么看，社会则要越来越有包容性。

在大城市的中年人，离婚似乎更是个必须会想到的话题。看着一些看似不会散的人终究散掉，觉得诧异之后马上毫无波澜。中年人的生活就是这样，迅速翻腾，迅速平静。没有什么反转。生活不是自媒体的热点舆论。

中年人要接受的，只是各自的因果，都是"活该"（我的好友平姐的解释是：活该就是活着该受的罪与罚，奖与赏）。

苏东坡在《临江仙·夜饮东坡醒复醉》里写道：夜饮东坡醒复醉，归来仿佛三更。家童鼻息已雷鸣。敲门都不应，倚杖听江声。长恨此身非我有，何时忘却营营。夜阑风静縠纹平。小舟从此逝，江海寄余生。

扛事儿，长精神；扛事儿，长见识；扛过悲欢离合，熬过世事无常；无论信不信命，一生皆只有一命，当好一个亲历者，也当好一个旁观者。不识庐山真面目，只缘身在此山中。跳出定式思维，升个维度，再去反思吧。我们处理不了生命的复杂性，但看着这些复杂的生命的轨迹，看着所谓人生风浪里的某种均衡和回归，风霜也是风景。

而均衡大概是什么呢？清华刘瑜教授有个解释是，它表明一切上升或者坠落或者旋转或者破碎，都有一个优雅的终点。

一切境遇皆为偶值，无处可以长守。所到所遇无不充满偶然，跟梦境类似。所以，也应该庆祝离别，祝福离别。

人生无常，无常却令人深刻。应该学东坡，欢迎人生的各种安排。遇见了就遇见，喜欢了就喜欢，分别了就分别，要照顾的都照顾好，该承担的就承担，珍惜顿悟和自觉，保有韧性和斗志。

时间从来不会辜负有价值的付出、通透和牺牲。

依然祝好！

水姐

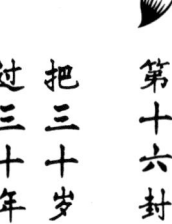

第十六封　把三十岁过三十年

朋友：

你好。

我理解的中年人，是三十岁到六十岁。这三十年会遇到很多的无常。虽然可以坦然接受因果，但我觉得，人生不该这么悲情，所以必须让余生飞扬起来。提个小目标：把三十岁过三十年。

互联网上有个段子，说有些企业家到了四五十岁之后，纷纷隐退，或捐款或直接投身生命科学领域，有网友评论道，都到了"炼丹"的年纪。

中年人，确实都需要"炼丹"，内外都要炼。

人要不老，就是要保持思想上的鲜活度，永远在追求新鲜的思想和新知。中年人的追求，大概有个共性，就是如何保持健康以及不老吧。除了内心的痛苦、纠结，颜值和体力的下降也是焦虑和中年危机的来源。

就像苏东坡一样，若是保持创造力永远不熄灭，永远带有生活的热情，大概能老得慢一些的。

我有几个做学术研究、教书育人的师兄，他们比女人更显得冻龄，丝毫没有岁月的痕迹，四十几岁了还像三十岁一样。我总认为，在理念世界里生存着的人该有这样一直年轻的模样。

理念的世界是很大的，可以不断探索。做学识、智慧、灵魂相关工作的人，应该保持身心皆年轻的状态。

苏东坡认为，他人生最快乐的时候，就是写作的时候，这是文学本身的报酬。

我最近这几年一直想着，"把三十岁过三十年"，应该是中年人的追求。有这样的追求，就应该不断丰富自己的精神世界和理念世界，做一些求索。人能上下不断求索，就能保持身心年轻。

老子的《道德经》写过："专气致柔，能婴儿乎？"意思是，结聚精气使身体柔顺，像婴儿一样。

不受环境和人境影响，对生命完全信任，对自己和一切充满了爱，感谢所有的发生，以全然的状态活在当下，并从其中经历人生、增长智慧。用这样的生命状态形容苏东坡，也是适宜的。中年人要有这样的生命状态，是需要爱和修炼的。

做学问或者写作品，无论男女都能老慢一些。因为内心深处比较理想主义，可能还有个从小注入的灵魂，永远停留在那个十几岁刚刚发现自己生动灵魂的年纪。

十几岁养了个"自己"，这个"自己"一直不会老，虽然外在条件会老去，但我总认为自己还是个孩子，我对这个世界是好奇的，即便对痛苦也充满了好奇。

如果内心一直有核，有坚持的爱好和习惯的人，大概能够与时光一起飞行，不至于被时光快速打上皱纹。像苏东坡这样的人，跨越千年，我们依然能体味他的内心形迹。保持内心永在的方法，大概就是写下来流传下去吧。

陶渊明、苏东坡中年始终是诗酒做伴，他们永远这么鲜活。人的意识一定是靠很长的岁月不断滋润着、养着，才行。

写苏东坡、读苏东坡，会让人年轻的。他总是有那么多办法让自己充实起来、开心起来、乐观起来。虽然有些处境是够苦够闷的。

我因为每天都会编辑文章，所以也获得了一种对待世界的编辑视角。好的我会修饰得更好，坏的我会修改、删除。好的现象如好的句子一样都会总结收藏起来，"炼丹"给自己服下。这样的视角，也是乐观主义的视角。

安娜·布兰迪亚娜有首诗叫《应该》："也许，我们生下来就该是耄耋老者，携带着智慧来到人间。这样，我们便能决定自己在世上的命运，便能在第一个十字路口就选择好毕生的道路。我们只需从容地行进，日益年轻，日益强健，抵达创造之门时，成熟而又充满活力。然后，在爱中步入豆蔻年华。儿女出生时，我们已成为孩童。那一刻，年长的他们会教我们咿呀学语，会哼着摇篮曲陪伴我们进入梦乡。我们渐渐消隐，渐渐缩小，小如葡萄，小如青豆，小如麦子……"

"我们只需从容地行进，日益年轻，日益强健。"人其实应该倒着长、逆生长。林语堂说苏东坡两兄弟都喜欢练瑜伽，有些人说这个说法没有证据，但其实，苏东坡从小跟随道家学习，一定有一套保养身心的方法，一直在年岁里积累。他也想要一直健康，一直年轻。

东坡也特别喜欢用三十年这个概念。人若是遭到了巨大挫折和不幸，要这样想，向生死地走一回，抵三十年修行。三十年可以干成很多事，鱼若是努力，经历风风雨雨，也可以像蛟龙一样腾跃。人的一生用二三十年干一件事，这感觉太好了。我写作坚持了二十多年了。我想把三十岁这种精力和经历成为最佳搭档的状态，维持三十年。

我是过了三十岁才喜欢长跑的，小时候不喜欢跑也不会跑，但人是会改变的。要积极努力地生活，一定要有突破自己的方式。我是选择长跑，你也可以是别的方式，选一个突破口。这是我维持自己精力的方式。

年轻是我追求的东西。不仅外表年轻，还有心灵。母校清华大学的体育精神是，"为祖国健康工作至少五十年"。想来，二十多岁开始工作，五十年后也得七十多岁了。最好的工作状态大概就是三十岁左右，既有了一定的经验，也有了足够的教训，还年富力强。

要想维持三十岁的状态，坚持工作需要经常锻炼，身体康健，内心平和。体育是有迁移价值的，心态永远年轻，永远接受挑战、有韧性、有定力，是可以做到的。

把三十岁过三十年,我就永远三十岁。我希望,到了很老很老的时候,我们都能自己照顾自己,不用依靠任何人,有尊严地活着。

依然祝好!

水姐

药方

第一方 治失眠

第二部分，谈的是苏东坡能疗愈人的元素，简称药方。"苏海"一片，弱水三千，只取几瓢饮。那我就当个泛舟者，一瓢一瓢地如水诉说。

我提炼几个特别重要的方向，跟大家分享。

其实，我总有一种思维，比如我写人，我总是先写这个人身上特别闪光的点，关于他一个最具冲击力的故事，人生中特别美妙的奇迹和时刻，最复杂的心情和感情，面对痛苦困厄的方式方法；这个人是如何修炼成的，他的方法和元素的组合是什么，他在这中间产生了什么核心理念和想法，做成了什么样的事……

对于东坡药方，首先要谈的，是我推崇的他独特的睡眠体系、心境和方法。

一些调研报告显示，近3亿中国人睡眠质量差，超过2/3的中国人出现过失眠症状。中国人越睡越晚，平均6.82小时/天。只有26%的中国人拥有正常深睡时间。

我觉得，无论遇到什么事情，若是能好好睡觉，就能养精蓄锐帮自己扛过最难的日子。睡得着是多么重要的一件事，对于中年人来说尤其如此。

东坡经历了那么多，他那么乐观，我最佩服的一点，大概就是他真的是"醉东坡耽酒""梦东坡贪睡"。

真正的乐天派的标志，大概就是：何事惊慌，该睡就睡。所以，我觉得，学东坡的第一精髓，是能吃能睡，而且关键是能睡。

他写睡眠的诗很多：

比如《春夜》："春宵一刻值千金，花有清香月有阴。歌管楼台声细细，秋千院落夜沉沉。"

比如《试院煎茶》："不用撑肠拄腹文字五千卷，但愿一瓯常及睡足日高时。"

比如《次韵张甥棠美昼眠》："要识熙熙不争竞，华胥别是一仙乡。"

比如《佛日山荣长老方丈五绝》（之四）："食罢茶瓯未要深，清风一榻抵千金。"

比如《醉睡者》："有道难行不如醉，有口难言不如睡。先生醉卧此石间，万古无人知此意。"

比如《午窗坐睡》："蒲团蟠两膝，竹几搁双肘。此间道路熟，径到无何有。身心两不见，息息安且久。睡蛇本亦无，何用钩与手。神凝疑夜禅，体适剧卯酒。我生有定数，禄尽空余寿。枯杨不飞花，膏泽回衰朽。谓我此为觉，物至了不受。谓我今方梦，此心初不垢。非梦亦非觉，请问希夷叟。"

这么心思细密、敏感的人，还能这么心大，崇尚睡眠，真是佩服。

睡觉这一天赋，还救过苏东坡的命。

据何薳《春渚纪闻》记载，东坡对友人追忆道："当初案件审毕，一天晚上暮鼓敲过，我正打算睡觉，忽然有人进来，二话不说，往地上扔个小箱子当枕头，倒头便睡。到了四更时分，忽然觉得有人摇我身体向我贺喜。我翻身问他喜从何来，那人只说好好睡别发愁，提起箱子就走了。原来皇帝本无杀我之意，特意派个太监到狱里观察，见我睡得鼻息如雷，知道我问心无愧，就把我贬官黄州了。"

到了黄州之后，有一次他和朋友在江上饮酒，还写了那首著名的"夜阑风静縠纹平，小舟从此逝，江海寄余生"。第二天，江湖传言，东坡把官服脱去，撑一叶小舟长啸一声远走了。知州徐君猷听到这个消息，急着去找，发现东坡正在酣睡呢

（当时被贬之人是不能离开那个地方的）。大家于是就放心了。

在惠州，他写了那首《纵笔》："白头萧散满霜风，小阁藤床寄病容。报道先生春睡美，道人轻打五更钟。"

曾悸狸《艇斋诗话》里说，就因为这句话，身居相位的昔日好友、今日政敌章惇又把他贬到海南儋州。不过，这依然不影响东坡的安眠。虽然那里"此间食无肉，病无药，居无室，出无友，冬无炭，夏无寒泉……"（《与程天侔书》），但不妨碍他睡得美："翛然独觉午窗明，欲觉犹闻醉鼾声"（《独觉》）。

怎么样都睡得着，那是天然的想得开、真正的想得开。恩恩怨怨可以放下，人间事不过就是人间事。我以前想不通的事情特别多，"明明"怎么样，"偏偏"弄人的事儿太多了。超过理解力，或者太认真太重视某件事、某个人，就会偏执，睡不着。

我是个资深的失眠者。高考是没睡觉考的。读研期间失眠了大半年。创业失败失眠九个月。遇到巨大的波折也会一夜白了头顶，总之也算是有点经历了。也试过很多方法，东坡的方法让我学到了一些新意，也给了我新的启发，如今也分享给你们。

且看，苏东坡的睡觉过程是这样的：

1. 不厌其烦地把被褥塞好；
2. 翻来覆去把躯干四肢安放妥帖；
3. 手拍被褥，直到把自己摆放适当、自在、舒服；
4. 轻轻按揉感觉到发僵、发痒的地方；
5. 闭上眼，细听气血的运行，等待呼吸变得缓慢均匀；
6. 随后自言自语，大意为："现在我已安卧倒。身上即使尚有发痒之处，我不再丝毫移动，而要以毅力精神克服之。这样，再过片刻，我浑身轻松安和直到足尖。睡意来了，我要睡了！"

他还补充道，"我每天在五更（凌晨三点到五点）一觉醒来，用细梳子梳头发好几百下，洗好脸，穿好衣服之后，用上述的六步法在榻上浅睡一会儿。虽然时间短，但这过程实在太美妙了。"

对"假寐"的妙处，他称道有加，说："数刻之味，其美无涯。通夕之味，殆非可比。"

他还告诉两个弟子，让他们试试这个方法，就能品出这里的奥妙和有趣，天底下的大道理，由戒生定，由定生慧，其中戒是入门，定是枢纽，慧是成就。人若不能控制身心，便不能控制自己的灵魂。这些素材被记录在李廌《师友谈记》里。

这种仪式感和戒律，跟我们现代人的深度入睡催眠术实际上是有相通之处的。

我受他启发，开发了睡前按摩我的子宫和卵巢、顺便入睡的一套话语体系。女人到中年（特别是35岁之后），子宫和卵巢的机能就在快速下降，甚至出现病症。这是医美和健身也不能解决的问题。所以，我会持续地夸赞它们，"谢谢你们帮我更新我的生命，我的身体，请好好休息"等之类的。

早上起来，我还是会按仪式按摩我的肚子，我似乎能找到我的肠胃最薄弱、最敏感的那个点。这甚至让我的减肥进程有了量级的突破。坚持得比较好的时候，我半年就瘦了10斤。科学减肥、美容养生，其实是跟睡眠系统分不开的，睡前睡后可以做不少修身养性的事情。

我们要好好地感谢自己的每个细胞和器官。用研究工作、项目的精神，研究自己，身体是有按钮的。搓脸、揪耳、梳头、按摩肚子、针灸，等等，找三个之内每天能坚持的动作和方式，非常重要。

因为你有特定的不变的仪式感，其实睡眠也会成为仪式的一部分。除非很特殊的情况，大部分时间还是很有用的。身体在更新自己的过程中，是会携带你的新思维的。这也是重生。

第二方 食酒疗

可能是一直写苏东坡的缘故，一直讨厌进厨房做家务的我，居然会开始享受这种制造油腻与清除油腻的动作细节和程序，因为它让我超脱了日常的理念世界，包括那些爱恨情仇、现实包袱。

我发现，我想的东西和角度开始不一样了。困在问题里的人，应该多劳作。理念世界和双手劳作的世界，应该相互切换。

原来苏东坡还有这功效。用双手辛勤劳作（排除打键盘）真的可以有新的收获。

当他经历乌台诗案的生死劫，被贬到黄州做从八品的虚职芝麻官，都不知道如何养活自己和家人的时候，他选择了亲自劳作，耕作一片废弃的军营地。

他是幸运的，那块地里可以挖出井，解决了水源问题，农事就好办了。

最初的时候，他并不叫自己"东坡居士"，而是"鏖糟陂里陶靖节"。"鏖糟陂"是什么？它是宋朝时期开封的一块沼泽地。"鏖糟"是不洁的意思。

他这是自贬，说自己是个"空壳的陶渊明"。陶渊明是自己厌弃官场，选择了贫而自由的生活，而自己是被贬被罚之后被迫过上这样的日子的。

但是在地里的劳作和自己做饭，让苏东坡彻底变了。他的紧张和愤怒突然消失了，他的行文风格也从讽刺尖锐变得平和理性，他甚至开始自黑自嘲了。

种着种着地，做着做着饭，变化就来了。植物的生长是具有规模的、层次的，令人惊喜出人意料的。人在日子里，在新的一片土壤（思想）里养着自己，也同样会有不同的层次感。

也许劳作的人也需要切换到理念世界里，那样，卡车司机被罚款后自杀的悲剧可能不会发生了。除了用命去抗争一些东西，肯定还有别的方式。

有一段很流行一个视频，河南周口一个96岁的老奶奶在郑州摆摊卖菜馍，说"歇着不如找一点有价值的东西""年轻年老不就是眼一睁一合的事"。看了就觉得人间值得。

2000年法国《世界报》（Le Monde）评选1001~2000年的千年英雄，共12位，东坡就是其中一个。据说，获奖理由是，他不仅有很高的文学与政治成就，还是个美食家。

东坡做什么菜、酿什么酒都有自己的秘方。

宋朝的皇帝和官员们，选择肉菜的时候，大抵只会选羊肉。南北朝时期的《洛阳伽蓝记》已称"羊者是陆产之最"；唐代文人则常常念叨"羊羔美酒"；而"御厨止用羊肉"是两宋皇室的"祖宗家法"。

东坡有自己做羊肉的秘方："先将羊肉放在锅内，用胡桃二三个带壳，煮三四滚，去胡桃，再放三四个，竟煮熟，然后开锅，毫无膻气。"

其实，笔者个人理解，中餐就是个搭配创新的事儿，食材之间是有化学反应的。

一旦被贬到黄州这样的地方，远离了汴京和复杂热闹的官场，东坡连羊肉都吃不起了。怎么办呢？黄州这个地方，据说那时候猪很多，人们也不知道怎么吃、怎么做好吃。我国百姓们将猪肉当主要肉食，那是明清之后的事情。

东坡开始研究这便宜的食材了。"净洗铛，少著水，柴头罨烟焰不起。待它自熟莫催他，火候足时他自美。"看到没，关键点在于慢炖。

不过在黄州,那还不叫"东坡肉"。他去杭州任职的时候,又发现加入当地的物产米酒,炖猪肉更好吃。东坡建了苏堤,疏通了西湖等惠民工程,让当地百姓对他很感恩,也送了很多肉给他。总之,各种情节和典故一叠加,让"东坡肉"故事感满满,后来杭帮菜就把"东坡肉"给发扬光大了。

而在徐州抗洪后,老百姓也送了他很多肉,东坡一番加工后,变成"东坡回赠肉"。给每一样东西都赋予意义,东坡就是意义点缀师、时光文身师、雕刻师。让普通的东西文艺化,增添鲜活的生命。

聪明人一般是可以设想、推算自己大部分的遭遇的,料不到的事情,才会令人惊诧,并产生一些不可思议的效果。

东坡鱼和东坡羹也都是在黄州发明的。

东坡鱼是什么呢?黄州水多鱼多,所以自然也是可以就地取材的。

东坡果然又创制出了一套煮鱼的好方法:将鲜鲫鱼或鲜鲤鱼放在冷水中洗净,用刀在鱼肋两边各轻划五刀,擦上盐,在鱼腹中塞入白菜心,入沸水锅文火煮,煮时锅里还要加姜、葱、橘皮等,起锅时入盐。

据说,这样炖鱼,"鱼汤酽而白,鱼肉鲜而嫩""其珍食者自知,不尽谈也"。

在鱼身两侧用刀划上几下,一来是为了烹调方便,二来这样做非常入味,三来鱼不但形状完整,而且刀痕如柳,人称"东坡五柳鱼"。

这款菜的亮点是鱼肚子里塞白菜,真行!我也喜欢各种"塞塞塞",记得我在初中时期的拿手菜,是把整个小南瓜挖空,然后往里面塞肉馅去蒸。

食材这件事,其实跟写文章一样,就是搭配出奇迹。"文人菜"跟"文人画"一样,全凭信手拈来的神韵、巧心搭配出来的感觉。

该说到东坡羹了。

它的初级阶段是菜羹。苏东坡在《菜羹赋》里写道:"煮蔓菁、芦菔、苦荠而食之。其法不用醯酱……"意思是说,有时候,为了充饥就会找来一些野菜煮着吃,不用加调味料,来自野菜天然的甜美的味道,会让人觉得舒爽满足。

为了省钱而去开拓新的食材,发现其中的乐趣,也算是赚到了。

"时绕麦田求野荠,强为僧食煮山羹。"据说东坡羹的成分包括:白菜、蔓菁、荠菜、瓜、茄、赤豆、粳米、生姜。具体做法是:

1. 先用油把锅底涂遍;
2. 荠菜、蔓菁、瓜、茄、粳米、生姜等,入沸水锅中,再扣上一个油碗;
3. 在锅上放一个甑子用羹的蒸汽蒸米饭。

他借鉴眉山老家用甑子蒸饭的方法,发明了这道新菜儿。后来,文人雅士对此羹极为推崇,甚至以食用东坡羹为雅嗜。

据说,东坡羹还有养生的功效。黄州知州徐君猷的子辈徐十二患疮,卧病在床,"面、酒、醋皆不可近",于是东坡写信给徐十二,详述了用荠菜为原料制作此羹的方法,建议徐十二服用。他还自夸道:"君若知此味,则陆海八珍,皆可鄙厌也。"据说效果不错。

有数据表明,在黄州期间,东坡饮食题材的诗词超过30首,赋有1篇,文有12篇(含书信),其中的《东坡八首》(其二、其三、其四)《蜜酒歌并叙》《鱼蛮子》《食柑》《元修菜并叙》《寄周安孺茶》《橄榄》《二红饭》《猪肉颂》《漱茶说》《煮鱼法》等都是传颂度很高的作品。

东坡在逆境中以一种近乎审美愉悦的态度去拥抱生活,对简朴的生活倾注极大的感情。神圣地对待食物,是一丝不苟、静下来好好对待生活的开始。

网上有金句曰"细细刷牙,慢慢洗澡,好好睡觉,静静生活"。大抵,这样的生活还是有不少信奉者的。

东坡还有不少新菜。吃不起羊肉,还可以吃羊蝎子。

在惠州，东坡用很少的钱买下没有人要的羊脊骨。在"骨间亦有些微肉"的羊脊骨中大做文章："熟者热漉出，不乘热出，则抱水不干。渍酒中，点薄盐炙微燋食之。终日抉剔，得铢两于肯綮之间，意甚喜之。"

意思是：羊脊骨煮熟后，乘热漉出，浸点米酒，撒点薄盐，再放到火上烤得微焦。烤好后的羊蝎子香味扑鼻、肉香骨脆，吃上一顿很是满足，"如食蟹螯，甚觉有补"，他还将这吃法写信告知了弟弟苏辙。

在惠州，生活清贫还怎么喝酒呢？从《桂酒颂》"有道而居夷者"可见端倪。据说惠州当地有一位隐者，这位隐者擅酿桂花酒，东坡特别好奇，特意上门拜访，讨教如何用桂花酿酒。

这里插一段东坡与酒的故事。诗酒人生，诗和酒都是人生长期陪伴之事物形式。每个地方都有不同的诗、不同的酒，记录某段生命时光的特征和意义。

东坡酿过的酒都富有创造性。比如在乌台诗案之后，他被贬黄州，自酿蜜酒。还写了《蜜酒歌》——"君不见南园采花蜂似雨，天教酿酒醉先生。先生年来穷到骨，问人乞米何曾得。世间万事真悠悠，蜜蜂大胜监河侯。"据说是道士杨世昌给的方子，大概是少量蜂蜜掺了蒸面，发酵，然后以米和米饭为主料，三日而成。

洞庭春色，则为黄柑酒，是他友人赵德麟家所酿之酒。据说"三日手犹香"。他在定州酿了松醪，在惠州酿了桂酒、万户春，在儋州酿了真一酒。他还酿些药酒，比如天门冬酒。

他还著有《东坡酒经》，详述酿酒用料、程序、方法，给中国酒文化作了总结和传承。他会走到酒坊操作间，看米看曲，定睛研究酿酒器具，亲自压酒笼滤酒，记下了激动人心的过程——"吾始取曲而起碎之""此吾酒之萌也""此吾酒之正也""此吾酒之少劲者也""吾酒三十日而成也"。人生在世，都是体验和记录，都有兴奋点和洞察。每个人的人生经历不一样，重点是要接受因果之下还能创造奇迹。

有一次，我在洋河参观，在工厂墙面上居然一扫之间就看到苏东坡的故事。苏东坡曾经化解淮河险情,双沟太守以十船酥酒相送,还建了苏公亭。东坡真的是很特别的存在,每个地方都能酿自己独特的酒,有自己独特的故事。

东坡在《食荔枝二首》中就有关于"荔枝""卢橘""杨梅"等水果的记载,其中"日啖荔枝三百颗,不辞长作岭南人"到现在还广为流传。广东好吃的实在太多了!从现在的眼光回过头去看,北宋时期中原人还是见识太短,知道怎么吃东西做饭的人还是在物产丰富的南方。他们更为精细,各种做法、各种讲究,都是生活给逼出来的美好。

东坡被贬海南儋州时,偶然经过老妇人的摊位,还学起了制作煎饼。人民群众的生存智慧和技巧,无论何时都是最伟大的。他记在七绝《馓子》里:"纤手搓来五色匀,碧油煎出嫩黄深。夜来春睡知轻重,压扁佳人缠臂金。"

据说东坡在儋州不但潜心研究学问,而且开堂讲学,教化黎民,培养出了海南有史以来的第一名举人姜唐佐,后来第一个进士符确也与他有关。在此期间,他不忘寻觅美味,觅得一种美味蚝,也就是牡蛎。

在《食蚝》(又名《献蠔帖》)中,他说道,要将牡蛎肉入水氽一下,然后放入米酒中一起煮。"慎勿说,恐北方君子闻之,争欲为东坡所为,求谪海南,分我此美也。"这蚝有多好吃呢?会让京城那帮君子们都羡慕这贬谪生涯!真幽默!

但确实,凡事都挡不住好好吃饭之心。

爱上食物之后,就会知道食物的大世界里包括了心灵的疗愈和真实的疗愈。他的《服生姜法》《服胡麻赋》《石芝并引》等,教育引导人们要注意通过调摄食物之营养来养生,认为通过食物来养身、养形,再加上精神修养来养心、养神,就可以达到以神御形、健身强体之目的了。

在《养老篇》中,东坡写道:"软蒸饭,烂煮肉。温羹汤,厚毡褥。少饮酒,惺惺宿。缓缓行,双拳曲。虚其心,实其腹。丧其耳,忘其目。久久行,金丹熟。"

食吃软软的饭,糯糯的肉,温温的汤,穿暖盖暖些,少喝点酒,好好睡觉,慢慢走，谦虚谨慎，有些事情别听别看，要有毅力坚持。这都是东坡从自己饮食、生活实践中总结出来的养生宝典。

在《谪居三适》一文中，他谈到了虽然被贬谪，但还是享有三种乐趣，即"旦起理发""午窗坐睡"与"夜卧濯足"，其实还谈了乐于躬身庖厨、亲自烹鱼制饼、制作美馔佳肴与蒸酒煮茶等。

生活，就是不向外求，而专向内心求办法去实践吧！所以，人间值得。

第三方 慰心态

2020年下半年,我经过极大痛苦和极大困扰的"不明白不理解没想到",后来眼睛发炎了三个月,身心调整了三个月,然后基本康复了。现在是想不到以前怎么会如此痛苦,以前也料不到,现在能过得挺宽容和乐观的。

只能说,苦和乐都有一定的量。反复确认这一点,可以淡定不少。

苏东坡对于"苦与乐"的论述是这样的:

乐事可慕,苦事可畏,皆是未至时心尔。及苦乐既至,以身履之,求畏慕者初不可得,况既过之后复有何物?比之寻声捕影系风迹梦尔。此四者犹有仿佛也。如此推究,不免是病,且以此病对治彼病。彼此相磨安得乐处。当以至理语君,今则不可。

大致意思是什么呢?人们都羡慕乐事,畏惧苦事,只是事情还没有发生到自己身上时的不真实的感受罢了。等到乐事、苦事发生在自己身上,那些羡慕啊畏惧啊,其实都不过如此。就像林语堂举例的,一旦官瘾过足之后,做高官的快乐不见得比做个成功的铁匠快乐大。

苏东坡做过大官,也过了非常贫瘠的日子,觉得在奢侈豪华的生活和简单朴质的生活之间,如果都尝试过了,论幸福,并没有多大不同。羡慕和畏惧其实都是自己的内心戏,或者说是心病吧。还不如反向思考,将苦事当作乐事,把乐事当作苦事,这一念之间的引导与适应,方可得平生安乐。

我觉得，这段论述对变化多端，好事坏事如落花、暴雨般降临的中年而言，可能是非常有用的。

因为，心态最重要。如何面对人生中必然的挫折、委屈、不甘、不愿、憎恨、伤害，然后真正到达跟所有人都能好好相处的平和状态，其实是非常不易的。

我觉得我需要的并不是快乐，而是不需要任何依凭和慰藉的那种清静。不需要去山里海里、佛里道里，而是在大城市里核心现实问题的面前，仍可以冷静宽容对待之的那种状态。

自己对自己的人生负责，别自怨自艾，别欲望太多，也别躺平。跳脱出普通且被寄托良好愿望的社会关系或者非常态畸形的社会关系，并不需要太多的心理能量或者说解决问题的方法和技巧，而是一颗在岁月中可以一直淡然处之的低能耗之平常心。低能耗的心，对自己对别人对环境，都环保。

中年人的所有问题，都是个人发展问题。

"危机男人心"简单来讲，他们要考虑：如何攀在阶层的悬崖上不掉下来，如何折腾出新的事业，如何赚更多的钱拥有更多的资源和社会关系，如何在四十岁、五十岁等年龄的大坎上有新的际遇，面对自己都可能琢磨不透的欲望、感情和困惑……"我都多少多少岁了，半截入土了，不想人生就这么过了……"之类的。

在世俗上的结果是，或辞职创业，或风花雪月，或浑浑噩噩……这股中年危机邪风，是一股挡也挡不住的消耗自己和身边人的力量……有些人会选择逃避，有些人会选择决绝，有些人一直在模棱两可之中。

有个前辈跟我讲了一个人生经验，"欲望大了，压力自然也大了，这都能理解，但是你知道吗？压力大了，欲望也会变得更大，所以需要更多的地方去发泄、去安放。"

这大概就是为什么，有些男人家庭压力这么大，还会去外面寻找新的刺激和寄托，付出更多成本和代价。明明家也快养不起了，还要去外面花钱花精力找新的人饮鸩止渴。因为困惑无助孤独是最真实的体会。某种感觉是不由自主的，是被城市暗流裹挟的。

而女人呢？一样是发展的问题。到底是不是应该拘泥在自己的社会身份里，比如做母亲和承担母职压力，生了孩子之后，自我意识和母亲意识常常撕裂着时间的统一性。还有就是个人的际遇上的突变，当身边人都指望不上的时候，如何还能相信别人？大概就是从理性出发，去扒拉出可以利用的琐碎的力量，集中起来为我所用。感性上可以不需要别人提供情绪价值，理性上则必须向社会关系求助。

人生就是这样，环境突变和日积月累的一种能力和素质的从量变到质变，都会在中年开始感觉到。很多女人，也是从中年开始，才知道了精神独立的感觉。

人有非常强烈的物理和生理上的存在感，所以，自然会感觉到孤独和寂寞。男人靠不住女人，女人也靠不住男人，不能一同进步的问题，不是盖茨夫妻才有的。有人早上醒来都会痛苦，有人选择就这样过下去，有人选择放手，有人选择怎么都不离不弃。

但无论任何，到最后，只有自己的精神，才最为坚韧、长久、可靠。

有个朋友说，优雅不是给别人看的，是自己对自己的感知。用心与人交流，相互付出坦诚、友善与爱，这是最好的社交。孤独，不是你必须承受的结果，而是出于自己对自己的选择。成熟的爱，并非一种感觉，而是靠连贯、统一、持续的行动积累起来的情感总和。

只有靠自己，才能给出去自己笃定的感情。选择自己想要的人和人生。

自我觉醒、自我改变，所以活成一个清醒的现代人。

第四方 善理财

我觉得人生就是生存和发展问题。所有问题都可以精简成这两个方面，无论你在什么领域，你是什么样的命运。冷静地看自己，就那么回事。

我们中年人，总是为了钱烦恼甚至暴躁。因为钱毕竟可以解决生活中大部分的问题，没有钱会产生生活中大部分的问题。

男男女女，有经济自由，才能更好地自立于人世间。是的，内心要强大，外在也要强大。这似乎是中年人的自觉意识。这种意识的觉醒是很痛的，受着生活的磨难。

但人生常常遇到无常，不以任何人的意志为转移。所以，当你生活遇到困境的时候，特别是没有那么多钱的时候，怎么办呢？

苏东坡不仅睡觉"可爱"、有仪式感，他的理财方式也非常"可爱"且有仪式感。

作为一个有家有口却一直颠沛流离的中年人，一定的财富能够给他带来某些安全感。是的，文人并不一定要穷酸才能逼出才华，相反，相对妥帖的、刚刚够用稍有富余的生活，才是产出作品的较好环境和条件。

所以，作为中年人的自觉是，必须有点积累，绝不能靠杠杆生活，更别提是高杠杆。

据说，在被贬黄州的时候，东坡有一个特别的预算方法：

1. 日用不得过150钱；
2. 每月底拿出4500钱，分成30份挂在高高的屋梁上；
3. 平日就用画叉取下来一串，然后把叉子藏起来；
4. 用一个大竹筒藏一些用不掉的钱，存来的钱至少够一年花费。

量入为出，有积累，是所有中年人该有的生活美德。

苏东坡比一般人境界高的地方有两处，境界还非同一般，这让他的"花钱"千古流传。

在杭州当差的时候，他遇到一次疫情。他还带着医生走访确诊患者的家，提供上门服务；更神奇的是，他很早就有建"方舱医院"的想法，于是在社会上募捐了两千余缗，自己掏出五十两黄金，建了"安乐坊"，对患者进行集中治疗和救助。后来"安乐坊"一度又发展成了"安济坊"，得到朝廷的肯定和推广。

五十两黄金，说拿出来给社会也就给了。真是大气。有钱就应该花在某个功业上。

还有一个事儿更传奇。他真的不是一般人。对于拥有和失去有一套常人无法理解的内心选择。如果得到让人难过，不如不得到；如果失去让人舒服，不如就失去。

在黄州待满五年后，他在准备去汝州的路上，经过了九江、南京等地，他喜欢江南，盘算着在太湖地区买一个农庄养老。在他最亲密的朋友之一滕元发的建议下，苏东坡在宜兴买了一块地，据说一年可产米八百担。后来又买了一块地，钱财就所剩无几了。最后友人邵民瞻还帮他在荆溪（位于常州）边物色了一个老宅子，他付了最后的五百缗钱，钱包空了。

有一天晚上，邵和苏在村中漫步，经过一家时，听到一个老妇人在哭诉："我有一栋房子，一百多年来一直是我们的财产。但我有个败家儿子，把那房子卖给了别人。今天我不得不从那栋老房子里搬出来。我在那老房子里已经住了一辈子啊。"

苏东坡听了之后，做出了一个惊人的举动，他把房契从衣袋里拿出来，在老妇人面前一把火给烧了，说让她住回去吧。

这就是著名的焚券返屋的故事。

这是冲动，感性，慷慨还是傻？可能都有吧。

面对拥有和失去，他有那种大开大合的心境，尽情拥有，尽情失去。怎么说呢，他也不是不想拥有、不想要，也非常想占有和积累越来越多的东西。

我们说个故事。1084年4月，苏轼途经南京看望王安石后，写了《上荆公书》，称"某欲买田金陵，庶几得陪杖屦，老于钟山"，他很羡慕王安石能在金陵买房，他只能在常州置办。但王安石的坐看钟山的半山园，其实相对别人的庭院，也非常简陋，因为太廉洁了，他也置办不起。除了半山园，王安石在上元县境还购置了不少荒田熟地。也是1084年，在得了一场重病之后，他把所有房产和土地都捐掉了，觉得那都是累赘，就向宋神宗赵顼陈报，把半山园改作了僧寺，并由赵顼命名为"报宁禅寺"。他在上元县境所购置的荒田熟地则一律割归钟山的太平兴国寺所有。

善理财，不是擅长理财。真正的理财，不是让钱变得越来越多，而是知道生不带来死不带去，不守财，以善念对待财富，这样得失感就不会那么重了。

我们这代人可以遇到苏东坡诞辰1000年。这是个非常有意思的人，值得纪念、肯定。这个古人的很多行为和心态，真是我们现代人望尘莫及，可以持续学习的呢。

对于钱财，一定要有仪式感、敬畏感，才能做出超越它的事情来。

第五方 连续创

把生活的基本问题解决了之后,就要有连续做事的准备。连续创业,是这个时代的潮流,其实不仅适用于创业者,也适用于其他领域其他人。因为我们总是要面对解决如何做到不疲、不卷、不躺等问题的。

我们中年人,应该明白,平常心才是最好的心。疫情让我们更加重视身边之物、身边之人,关注日常生活和环境,也到了社会舆论相信平常心、珍重平常心的时候。

社会意识的变迁告诉我们,只有这样,才能面对和适应常常得到又常常失去、失而复得、得而复失的不确定性时代的生活。

读苏东坡,总有一种感觉,他总是不停地在创造、建造,但总是留不住、保不住。在这种情况下,很多人会患得患失,而他却是越来越不在乎身外之物,这才不是一个常人。我们在非常时代,也要试图做一个非常人。

比如他在黄州,在"东坡"上建了自己的农庄和房子,日子过得隐逸舒适,自比陶渊明,后来皇帝的一纸号令,要让他去汝州赴任(后来也没去)。官身不由己,他不得不放弃了黄州的一切财物和生活方式。

他写了一首词道:"归去来兮,吾归何处?……人生底事,来往如梭。待闲看,秋风洛水清波。好在堂前细柳,应念我,莫剪柔柯。仍传语,江南父老,时与晒鱼蓑。"

苏东坡很想就此留在江南养老,还写过《乞常州居住表》,说自己的钱用完了,离汝州还很远,家中有二十多人,饥一顿饱一顿的,申请辞职,定居在常州。可是没有得到允许。古代隐退不是那么容易的,得经过批准。

苏格拉底说过,未经审视的人生是不值得过的,但经过审视的人生是没法过的。像焚券返屋这样的事儿,只有真正的性情中人才能做出来。

钱财乃身外之物,什么时候都可以从零开始重新来,唯有此生不复再现的情感不可辜负。事业和感情,也可以重新开始,经历了那么多,依然保持纯粹和炙热,那岂不是更珍贵?

他在惠州,在新居落成之后大约两月,就被贬至海南。惠州的田地和房子虽然没有黄州那样好,但也经过了这位生活家的一番精心设计。房屋据说有二十间,在南边的一块小空地上,他种了橘子树、柚子树、荔枝树、杨梅树、枇杷树、栀子树,这些树都是中等的树,因为他觉得自己已经不年轻了,没有时间看着小树长大了。

他把那些房子命名为"朝云堂""白鹤堂"等,其中一个还叫"德有邻堂",之前从来没有人用四个字命名过房子,一度还算开创了一番新风尚。他的前门向北,正对河流,数里乡野的美景一览无余,也可望见白水山和罗浮山。

他总是能发现并加固生活环境的美好。他这样的人,快乐且善良。

他为什么会被贬海南?据说是因为写了两行诗,描写在春风中酣美的午睡,一边还听着房后寺院的钟声。年轻时一起科考竞争的友人、后来的政敌章惇觉得他过得太舒服了,就把他贬到海南。因为他叫子瞻,所以就按字形挑选了儋州,他的弟弟叫子由,就贬至雷州。有权力就是可以这么随性任性。

我们外人一看,苏东坡可真惨,田园和房子建好没多久,就被贬到另一个地方。要是一个心态差的人,估计早就崩溃了,觉得自己命运多舛,从此患得患失。但他足够强大。

从某种意义上说,他就是连续创业者。

"万事到头都是梦,休休,明日黄花蝶也愁。"抱负也可以变成轻云薄雾。苦厄都可以化作诗意文意,转念要猛然有情。

我们才中年,正是实现连续创业的时候。年轻时期创的业、成的家,也许一切都可以重新开始。重新开始是需要平常心的。

2021年财经圈有个新闻,头条系的创始人张一鸣发表9周年演讲,其主旨是"外部波澜起伏,内心平静如常"。

我的老板秦朔老师评论道:

最近和老中青几代企业家交流,有一个印象,他们越来越跳出"自己的伟大",而走向以平常心去把握、响应"时代的伟大"。"时代的伟大"不是说外部的一切都是好的、令人满意的,而是说,只要自自然然去感受中国大市场和新消费者群体的韵律、节拍与变化,就可能创造出意想不到的"伟大"结果。大概这就是一个古老的新兴大国的国运吧。所以对企业家来说,心要定下来,"不因果报方行善,岂为功名始读书",踏踏实实解决用户需求,保持平常心、敏感的同理心和开阔的想象力,不依赖捷径,大路就在脚下。这是看了张一鸣这篇演讲的一点体会。

我在2018年写过《任凭世事变化,内心鱼鱼雅雅》。这个时代,外界变化太快了,人们越来越向内求了,自己修炼自己。

人生就是个不断修行的过程,不断接项目和任务的过程,不断闯关和迈槛的过程。怎么办呢?只能不断创业、创新、创造。那么,谁做出这些动作呢?心!

还是借用秦老师的话,"上帝不拿走你的过去,就会拿走你的未来。"人都需要在绝境里找到自处之道,而自己的心才是突破口,让勇敢、坚韧和爱成为平常心的一部分吧。

没有什么事情是定论,连续性才是续命最好的办法。一生一事、一生一人,是多么理想的状态。如果达不到,在被动和主动中,请继续重建。

世间哪来那么多抱负可以顺利地实施？哪来那么多大济苍生的胸怀可以轻易打开和实现？人生就是适应曲折，连续创造自己的"日积月累"的核心。

红尘万丈，只有自己有坚硬的内核，吸收属于自己的阳光，去创造拥有这个内核的一个又一个的美好果实。

第六方 转绝境

我们一直在奋斗,一直在努力地靠生活乐趣和工作续命,但人生中仍然会遇到很多波折和无常。如何应对,苏东坡是有现成的方法的。

在某个特定阶段,你所遇到的人事物的某些闪着光的东西,定能启发你、照耀你。人生就是某种平衡。当你处于未知的环境之下,或许你就能找到更加确定的自我。

正如北大陈春花教授所说,当一个人处于充满未知的环境下时,他的优点和缺点都会显得异常清晰,这无疑给了我们一个认识自己的机会,我们因此拥有了一种属于自己的模式,接受与未知相处,接受自己的长处和弱点,如果可以面对未来的冲击,这本身就是一种成长。

那在各种迷茫和危机面前,如何自渡呢?转绝境靠什么呢?

苏东坡比宋神宗大12岁,所以当他被贬谪黄州的时候,他是绝望的,因为神宗就是要变法,用新党,而他被归为旧党。

张炜等作家们归纳他有"自渡五部曲"——耕种自济、养生自保、著书立说、韬晦自存、文学自适。

对于现代人有何启发呢?

第一,你一个人能不能养活自己及家人。这是你的基本责任。苏东坡是耕种自济，我们在现代社会可以打很多份工，自己的主业、副业、零碎的兼职、节流理财，都可以。

第二，健身养生，自律，节制，所谓养生自保。身体是青山，情志是绿水。另外，现代人不像古代人以静养志居多，也可以以动养志。运动产生多巴胺，使人充满了生存下去的愿望和轻松感。

第三，当没有什么事业成就和突破口的时候，要记录时代，记录身边，记录自己，做一些文本上的留存，这当然是对内心有困惑、在绝境中依然勇敢面对自我的人而言，有叙述习惯也许可以拯救自己无边的痛苦。我这几年基本上两年出一本书，虽然不成熟，但是我觉得这个行为本身就让我有个生命感的积累。

第四，读书读书读书，睡觉睡觉睡觉；少跟人谈起自己的苦难，因为基本上没有人可以感同身受，不能感同身受就只会被当作茶余饭后的谈资。我们要低调生存，少说多做，慢慢摸索人生新的活法，重新建立起对人事物的信任。这也是一种韬晦自存。

第五，对于"文学自适"这一点，我改动一下。我觉得，我会试图主动接触一些有自己的社会化理论并且还能在创业、实业、作品中得以不遗余力将之展现的人。这些人物，是研究和实践精神超级统一、表里一致的人，我认为他们是时代里真正的风气和风格，也是我最喜欢写的人物类型。这种人物活得纯粹、活得坚持，接触他们就如自动链接了生命力、学习力。

苏东坡是个外向的人，我是个内向的人。有个朋友跟说，内向的人也是可以变成外向的人的。怎么做呢？他自己的经历是，告诉自己，所有的忸怩、害羞、害怕、别人对你的嘲笑和无情，全部要剪掉。一个人要学会站立在一千人面前，状态自如，话语体系完全是不一样的。人生要学的东西，还很多很多。

所以，你不能拿得起放不下，若是放不下，人生就空不出来容纳的新东西。

索德格朗在《生命》里说，生命是蔑视自己不动地躺在井底，知道上面阳光闪耀，金色的鸟飞过空中，光阴似箭。

第七方 抗衰老

像东坡这样努力生活的人,养生肯定不是为了逃避什么。道家避世层面的事儿,不用考虑。在我看来,他的养生,是某种清醒的兢兢业业的平静平和的努力,其实这很儒家。

儒家式养生比道家式养生更适合日常生活和普通人。一般人总认为,道家才是养生的正统,其实儒家的也不错。台湾著名学者龚鹏程认为:"真正影响中国人养生观更深者,应该是儒家。"

比如《论语》强调"仁者寿";《易经·颐卦》强调"养正则吉";《孟子》强调"以直养而无害",而《荀子》则说"美意延年"。什么是美意延年?大意是,对一切乐观的人,能够健康长寿。

现代人太忙了。每天都在各种各样的事物围绕之下,又处于自己无法预测的变迁和转型里头。即便睡觉,也盘算着自己的困境和危机,该如何出来。是啊,想得很努力,做得也很努力。但最后,事情的趋势和走向,并不一定如自己所愿。

其实,我们真的应该偶尔各种关机。关掉手机,关掉电脑,关掉眼睛,关掉心思,就静坐。

苏东坡养生的生活方式,下面这句总结得非常好:

身体方面,目的在于容光焕发的健康,体格精力的强壮,以及处处缠绵的痼疾的治愈。

精神方面，则在于求取心灵和情绪的稳定以及灵魂元气的放发。

在东坡看来，"无视无听，抱神以静"即"无为"，心无所知即"无思"，"必静必清"即"无欲"。在静坐的过程中，他发现自己的时间观念发生了改变，一日似两日，某种转换理念下，由此可以将寿命延长至两倍。

这里，我再把上次他的睡眠方式之外的整套养生诀整理一下，跟大家分享：

1. 时间选择子时开始，23：00-1：00。刚好适合我们现代人。其实睡得晚一点，好像也没啥，关键是心绪一直是安宁的，内心、仪式和习惯一直是稳定的。
2. 披上衣服盘腿朝向东或南坐好。
3. 牙齿上下叩响36次，拇指接住第三指或四指。
4. 吸气，屏住呼吸。
5. 用心内观自己的五脏，肺是白的，肝是青的，脾是黄的，心是红的，肾是黑的。
6. 想着心是一团火，大放光明照亮一切，把气都入到丹田里。
7. 然后呼气，不要去听外面的声音，关闭耳朵。
8. 呼吸，慢慢地进入均匀的步调。
9. 用舌头抵住唇齿，让津液口水生出，三遍之后，咽下，把气再送入丹田。
10. 九次深呼吸、三次吞咽之后停止。
11. 用左右手搓热之后按摩自己的脸、四肢。再搓热自己的手，按摩自己的足心。
12. 梳头发100下，把头发散掉，睡觉到早上。

东坡说，一直坚持，就会有功效，一般20天左右，精神上就会觉得不同。屏息的时间是越练越长的，脉搏跳5下为一吸，逐渐可以变成20下一吸。

他写道：控制呼吸，脉搏跳动5次算呼吸的一个周期的话，吸、停、呼的比率是1：2：2。人是需要训练自己的，训练自己成为一个适应环境的平台化的系统，有各种更新的元素集，如手机系统里的应用程序那样，一直在更新中。

再分享几个他美容养生抗衰老的方案。

据说，他会每天坚持嚼咽10～40粒芡实。芡实可以开胃健脾、补益脑髓，通过咀嚼可以防止肌肉松弛、减少面部皱纹；吞咽，在中医或气功上是咽津，具体步骤是舌舐上腭，促进津液分泌，待津液满口后再咽下。

他还喜欢麦冬。"一枕清风直万钱，无人肯买北窗眠。开心暖胃门冬饮，知是东坡手自煎。"《睡起闻米元章冒热到东园送麦门冬饮子》，这个超长的题目，表明东坡是个特别喜欢记录时光中的具体情境和元素的人，他会细到关注每一件小东西的存在价值，自然对食物有别样的体认。麦冬，我在冬天会喝的。

板栗也是个好东西，他晚年患了腰脚病，通过服食板栗居然治愈了。他弟弟苏辙还写诗记录此事："老去自添腰脚病，山翁服栗旧传方。"

板栗也是我的最爱食物清单必备。

姜也是好东西。苏东坡善于接受任何人对他的启发，他的七窍玲珑心和每个毛孔都是打开的。西湖净慈寺有个八十多岁的聪药王，吃生姜四十年，不老。他就记录了下来。可惜我最讨厌姜，这个方法不适合我。

东坡认为茶可以"除烦去腻"但也有副作用，所以，他创造了"浓茶固齿法"，差不多就是饭后一定用浓茶漱口，当然这种茶汤是中下等茶出的汤，不用饮下，这样不会伤胃。他认为"治齿当如治军"。

另外，东坡是怎么治疗自己的痔疮的呢？1095年，他患痔疮很严重，失血多。他不但遍读中国医书，而且常把旁人分别不清的药草写下文字说明其异同性质。关于痔疮，他自研的学说是这样的——比如身内有虫咬，治疗之法是主人枯槁则客自弃去。简单理解就是"饿死痔疮"！就跟我们居家隔离闷死新冠病毒差不多道理！

东坡很喜欢DIY，他和儿子苏过两人还尝试自己制墨、采药，甚至做护肤品。比如苍耳，把此种植物的叶子灰用文火加热约二十四小时，会有白色粉末，据说涂上会让皮肤软滑如玉。现在确实有一种说法是苍耳子可以祛斑养颜。现代人应该学多点抗衰老的知识，比如懂现代化学或生物成分，透明质酸、海藻糖、丝胶蛋白酶、神经酰胺，等等。

东坡还对医药知识有浓厚的兴趣。《四库全书总目》说苏轼的著作很杂很广,时常说医理,一般医术高的人,通常不能明白更深的道理;而儒者能明白更深的道理,通常却缺乏实践经验。(原文为:盖方药之事,术家能习其技,而不能知其所以然。儒者能命其理,而又往往未经实验。)苏东坡善于从典籍及与友人的交往中积累大量可以应用的知识。

李约瑟说:作为大诗人苏东坡诗友的苏颂,是一位才华横溢的药物学家,他在1061年撰写了《本草图经》,这是附有木刻标本说明图的药物史的杰作之一。东坡从他那里得到了很多专业知识的启发。

总之,让自己什么都懂一点,也是一个获得自由自适的方法。我们每个现代人,都有很多广博的事情要做。可深可浅,保持开放,人生哪里都应该通,才不至于有死胡同。学习力是我们给自己预设的一种最灵活的部分,而在任何一个系统里,最灵活的部分最能影响大局。

第八方 泯恩仇

人有时候有了很多好的天赋、优势和能力，但在世间依然会遇到很多不喜欢他的人，甚至怨他、恨他的人，也常常遇到曲折离奇和痛苦挫折。恨的处理法是什么？

我觉得人世间，有些负面情绪的处理，特别重要。那是大部分人生修为书里的重点章节。

在写苏东坡的过程中，有一天我突然悟到一个道理。其实恨一个人，某种程度上是简单粗暴轻松的。比如背叛，伤害，绝情，背后捅刀子，耽误人生，你就恨他，这多直接，想都不用想。任何人都可以这么直接地做选择和决定。那些非常确切的疼痛，还能明显地感受到血腥味，残忍的绝情的味道，但是，这又如何？人生总要遇到磨难和曲折的。

人生不是爱恨那么简单，通常里面的环节和因素都太复杂了，也不是轻易地用一句什么宽容啊、原谅啊，就可以解决的。

所以，人生在世，在于不用线性思维、简单惰性地随意推导，率性而为，而始终是要留有余地，供一些情节自动迂回流转。我们讨厌复杂的思维和复杂的感情，喜欢简单粗暴地表达轻松和坚决，其实也是一种逃避现实的心态与做法。注意，人为因素比客观因素更能扰动人的心绪。

人要真正修的，就是人为因素之下自我的定力和能力。东坡的态度，是也无风雨也无晴，任平生。

东坡写道:"死生祸福,莫非命者?"

知命的好处在于:一、知命无忧;二、知命无求;三、知命不屈;四、知命无拘;五、安分则艺精。严重的事情发生了,不要着急,就胜利了20%～30%。

我喜欢一首诗,是博纳富瓦的《愿这世界延迟!》,"拂晓时分,天空铺展着,愿那么戴胜鸟,永远能起飞,从空荡荡的谷仓的屋檐下,它们在那儿停落,落在传说中,接下来的一小时,一切仍静止不动。"

事情它会自己向你走来,低着头,迎着风,飘着某些特定味道。爱恨已经分解在空气中,可以重新组合。

纠结爱不爱、恨不恨,是个绵长的过程。所谓放下,是放下当下的断定。不必执意要一个结果。

那些简单地称爱不爱恨不恨,都是一种性灵的不成熟。不要去寻找结果和答案,就做好自己能做的事情,不用追寻,不用寄托,只需安心等待,落实一个个结点。

据说东坡疾病缠身,患有眼疾、臂痛、耳聋、痔疮、肺病、头疼、牙病、疮疖等,但他觉得生病没啥。他在《病中游祖塔院》写道——

"因病得闲殊不恶,安心是药更无方。"病就病吧,安心最重要。

"某病后百事灰心,无复世乐,然内外廓然,皆获轻安。"病中灰心就灰心吧,再后来内心廓然澄明也挺好。

"废放之中,病患相仍,默坐静观,虽无所得,而向之浮念杂好,尽脱落矣。"对于内心的胡思乱想,最好就让它随机应变地脱落吧。

人生中的某些关系病了,也一样,不用看现成的结论,也不用再回望过去、展望将来,不用费力再扭转乾坤、改变命运。

也许,只要轻微转个侧身,就能嗅到一阵毫无寒意的清风。做最坏的准备,其实是有积极价值的。

是谁把东坡贬到海南的？章惇。两人原来是朋友，一起考上了1057年的进士。后来出于说不清道不明的各种理由，在宋哲宗时期，章惇把东坡贬到了海南岛。

当时章惇真是像游戏一样贬人，把子瞻贬到儋州，把子由贬到雷州。后来徽宗上台，把章惇贬到了雷州，此时东坡已经从海南北归了。人生就是河东河西，充满变数，但人要柔性地看待人与人之间的关系，即便是已陷入绝境的关系。东坡对章惇的儿子章援还是很好的，在信中还表达了对章惇的关心。随着时间变化、事情的动态发展，各自人生际遇的改变，也许没有什么是沟通不了、放不下的。

中年有各种难，比如要离婚、亲子关系不好、职位和阶层不保、职业天花板、生老病死……

其实，任何时候人最难跨越的一个坎大概就是被最信赖的人、曾经对你最好最仗义的人背叛，这比面对死亡更伤人。怎么熬过去这种境遇呢？

大家都知道改变苏东坡命运的乌台诗案。在狱中，他被威逼到底，几次都要吞服毒药自行了断了。后来对苏东坡施以最大毒手的章惇，当时竟然冒着生命危险全力搭救。

他不惜与当时的宰相翻脸，当面痛斥，"你是想让苏轼全家被灭门吗？"而平时那些跟苏东坡引为知己、又是政治上同属保守派的人，一点求情的表现都没有，怕给自己惹祸。

章惇那时候真的是勇倔坚毅啊，不要命地护友。后来东坡被贬黄州，章惇还是非常关心和安慰他。东坡说，"忽蒙赐书，存问甚厚，忧爱深切，感叹不可言也。"

可后来呢，事情还是变化了。

章惇是个刚毅有为、奋力拓进，有着钢铁意志的人。但最后，他对东坡的迫害是如此细腻、用心、精准打击。最了解你的一定是你的对手，因为你所想到的问题，对手一定也想得到。

章惇对其他人更狠毒，参与后宫争斗大兴冤狱，迎合哲宗废黜高太后所立的孟皇后，立哲宗专宠的刘妃为后，对孟皇后的人严刑拷打，甚至用割舌头之类的酷刑。

但从综合的历史表现看，他其实还是个划时代的强势人物，力主收复失地，驱逐西夏到沙漠地区，开辟当时属于蛮地的梅山。

人与人之间就是这么复杂。可能不是一句两句嫉妒才华、心胸不开阔、感情突然没了啊之类的话能解释的。可能是原来太好，后来稍微不好那么一点点，就能感觉出彼此的关系的变质。

人内心总是在自觉或不自觉地动态衡量相互之间的关系。

人与人的关系，真的不由一个人决定，也不由两个人决定，有些事情，就是被大风大浪刮来刮去，冲刷来冲刷去，自己无力做任何改变。只能任凭造化作弄，你唯一的办法就是平和。把自己当戏看，有时候想演的时候演一演，不想演了就不演，自自在在的，别太入戏了。

天底下没有什么绝对的好人和坏人，但你眼中依然可以无一坏人，如东坡一样。

再比如，他的姐夫程之才原来跟苏家也有难过的心结。东坡舅舅的儿子程之才娶了东坡姐姐苏八娘，但程家没有好好待她致她早逝。由此，苏程两家绝交了。而当东坡被贬惠州时候，章惇知道这段过节，特定让程之才当提点刑狱使，让东坡吃苦头，没想到竟反而促成两人冰释前嫌，一起写诗作画。后来还一直通信，传下来了几十封……就是这么神奇。

还有我们都知道的《梦溪笔谈》的沈括。他是支持新法的。沈括去杭州找东坡，把他最近写的诗都抄了一遍，回到开封之后，竟然说东坡的诗词"讪怼"。第一个指出东坡讽刺朝廷的人就是沈括。后面乌台诗案的李定也是如法炮制。

沈括是我国历史上第一个记录活字印刷的，刚好杭州出版了东坡的诗集。这留下了切切实实的证据。不过后来，东坡在杭州、沈括在润州（镇江）时候，还是有往来的。至于李定，东坡跟王安石和解之后，去登州当了五天知州，经过青州的时候，李定还设宴招待。

时代和命运困住人，能解开的关系还是尽量在此生解开。

多沟通，多放下，其实感觉是更大的势力和格局在左右人与人之间的关系。人都只是工具人和情感人。我们困在关系和感情里。放下，其实都没啥。不用过多纠结、纠缠一生。此生的功课，能结题就结题吧。

第九方 医孤独

我不得不承认，我经常会感觉到孤独，所以也会反思自己。我其实可以过得不孤独，可以对身边的人们更好些，更珍惜日常工作生活和稀松平常的感情。发生一些不可挽救的事情，然后在复盘的时候，也会怪自己。

我活得有点不接地气，想追求的东西，很理想化，但其实并不敢在现实中追求。现实中，我胆小懦弱，缺乏耐心。自己的人生理念造成的人生结果，都得自己担着。

孤独是什么呢？就是相互不理解彼此的心，甚至存在极大的误解和反差，于是缺乏任何沟通的基础和必要性。即便是最熟悉的亲友，也缺乏共鸣。即便能一时触碰到了，也不长久。

孤独时，看苏东坡、写苏东坡，我觉得不妨放下孤独，坚持不断地劳作。劳作自动带来生存的意义。

真正让东坡找到自己的，是找到了"东坡"，学习了真正的劳作与生活。做个心思复杂的单纯农民，真好。林语堂说，外在的本分责任只能隐藏人的本来面目。

那时候，苏东坡不是个地主，而是个真正全心投入劳作的农夫。他亲手筑水坝、建鱼塘，从邻居处移树苗，从老家四川托人找好的菜种。孩子们跟着他一起经营这个农场，他们会为从井里打出水而欢腾。土地和自然果然令人快乐。

住在附近的农夫们会主动来教他，比如初生的麦苗要被牛羊吃去，冬去春来，再生出的麦苗才能茂盛，等等。

从此，他的稻田、麦田、桑林菜圃、果树、茶树，统统有了新气象。他在这片自己的营造地里找到了自己。他觉得自己的前世就是陶渊明，陶渊明就是自己，这是一种多么令人陶醉的认知。

什么是解脱？解脱并不是遁入空门，把家人和社会弃置不顾，只管自己修行。

林语堂总结道：

真正的解脱，只不过是在获得了精神上的和谐之后，使基层的人性附属于高层的人性，听其支配而已。

一个人若能凭理性上的克己工夫获得此种精神上的和谐，他就不需完全离开社会才能获得解脱。

苏东坡在死亡的余悸中来到黄州，开垦了东坡，起初是为了生计。

但是种着种着地，心理上的变化就发生了。植物的生长是具有规模的、层次的，有惊喜的。所有现实的发生会叠加在你的想象力之上。

如果感觉到自己命运多舛，如蝼蚁，如羽毛，如草芥，千万不要就此沉沦下去，应该马上给自己加一点乐观和豁达。

人生说长不长，说短不短，不能期望自己一生就是一条平整的直线，毫无起伏，波澜不惊。

人生也不可能是一条一直曲折向上的线。我们现代人发明的金融工具、经济模型，非常直观地告诉我们，波动是常态，复利是谎言。

中年人，要面对的不是向上走或向下走的趋势判断或者命运分野，而是什么时候都有积累、有建造，如果有亏欠就去补，来得及。

身心的重创，有时候是信仰都冲垮了，对命运的痛恨感和恐惧感会加深。能如何呢？想太多的人，应该持续忙碌和劳作，切切实实地用双手，脱离理念世界，一心只去劳作，因为劳作本身是一个很好的促进精神独立的办法。

除了劳作，还有一个方法叫洗身洗心法。

刚来黄州不久，东坡寄居在定惠院，每隔一两天就去城南的安国寺水疗。之前，乌台诗案中他都以为自己难逃一死了。一百多天受困，交代了两百万字，内心备受煎熬，他出了御史台，过了除夕，初一就赶往了黄州。

被贬，也能找到安身之处。洗身、洗心，可以反思自己的过往，改过自新。求助于僧佛，如果有功利之心，那便是想改掉身上的习气，重新做人。这当然是第一层面，后面必然会有进阶之法。

间一、二日辄往，焚香默坐，深自省察，则物我相忘，身心皆空，求罪垢所以生而不可得。一念清净，染污自落，表里翛一然，无所附丽，私窃乐之。

发生了大的动荡之后，不妨真的去寺里。不是为了求什么，就是为了反思自己，疗愈自己。

我发生了一些变故和无常之后，身体不好，经常会跑到来自台湾定居大陆的中医陈泳诚医生那里看病，然后去1.8公里之外的龙华寺礼佛，每周都去，坚持了大半年。

我觉得这样的生活方式很好。不是因为我想求什么，而是我在做这个修行的时候，洗身洗心吧。

苏东坡在《安国寺浴》里写道，他每个月用热水洗一次头发，休息一会儿之后，欣赏寺里的竹林，忘掉红尘滚滚和飞天荣辱，然后安静地回到自己的居所。

据说东坡最爱的是《楞严经》，《楞严经》里面也有跋陀婆罗因水悟道的故事。

忽悟水因，既不洗尘，亦不洗体，中间安然，得无所有。

什么意思呢？水就是水，虽然因为洗了灰尘洗了身体变脏了，但是它蒸发之后变成了雨流归大地，还是干净的，水可以脏也可以干净，那么脏和干净之间是什么呢？《心经》里的不垢不净，中间状态就是空。

无我之心，自性为空，内心清明。

我觉得，佛学对我而言，不是非要去信仰它进而求得什么，可以视作是思维里的大美好，比如，佛教里有大善、大慈、大悲等概念。

在你痛苦的时候，这些大美好，虽然很难真正地领略到，但至少你会有思考它的时间和空间。如此，你便拥有了一念里的宇宙。这样的思维格局，本身就富有形式上的魅力。

第十方 疗遗憾

痛苦是有量的，某个时间段内，就是这么汹涌澎湃。而遗憾这件事，常常有某种"一生感"的错觉。

如何处理遗憾啊？

东坡的《寒食帖》里有句诗："暗中偷负去，夜半真有力"，它的大意是，美丽的花经过雨水摧残凋谢，就像梦中人是被有力者在半夜背负而去，叫人无能为力、无计可施。

有时候，特别想要珍惜一些东西，可是已经来不及。在人生中，这种感觉特别难以处理。心理学可能也帮不上忙。只有化作诗词书画剧本等作品这种方式，才能把人生的感觉像酿酒一样处理，等待时光后来的释酿。

还有一个方式是什么呢？叫"诚"。

苏东坡说，诚是沟通天道与人道的桥梁，是天人合一的必经之路。人们对于"诚"的理解太不深刻了，认为诚就会明，明就会诚。

他说错了错了。

诚是"乐之之谓也"。

明是"知之之谓也"。

诚会明，而明不一定就诚。

诚，那是"甘愿做，欢喜受"。

没有一个人不是好逸恶劳的、乐富贵羞贫贱的，喜欢的事都会主动做，不喜欢的事就避开。这并不是"乐之"，也就并不是"诚"。

有些事情，要"反其本而思之"，才是长久的东西，才是对你好的方式。

比如《长镜头》里唱着，"忽然间轰隆，倒也是仁慈的一种。"瞬间给你的打击，才能真正给你成长。生命有遗憾、有后悔、有打击，才是生命本身的复杂性的力量。

从一种痛苦中经历过来，最后剩下的是某种遗憾。痛苦一定会流逝的，遗憾就让它在。河水是河水，石头是石头。虽然，摸着石头过了河，石头还一直在岁月里。

另外，如何处理无助感？

第一步，是必须知道马上要停止这种想法，至少是节制这种想法，不要让这种情绪蔓延下去。

我有一天在非常热闹的人堆里，想着一些已经放下得差不多的往事，但还是有一些遗憾、纠结、仇恨、哀怨、嫌弃等负面情绪在里面，感到生命的漂泊和无助。

我那些从东坡身上学来的乐观，尚不能给我足够安全的保护壳。我看着那些舞蹈中的漂亮的脑袋和曼妙的身材，看着她们仪式性的微笑，我突然意识到，原来，她们拥有情绪表达的"通行证"，可以轻易获得别人的保护和喜爱。而我必须靠自己，我没有依靠，我缺乏热情，缺乏微笑。

但我内心里，反向长出一根支柱，里面缠绕着我的电量和火花，我必须留着这种"中年沧海桑田"刑罚的威力，要对自己狠一次、要让自己重试一次。

我终于可以视无常为自己的力量，我要带着这股深深刻在我人生中的力量，奋起。

终究，我们要学会自己劳作，自己承担一切，自己在遇到任何问题、进入任何领域的时候，保持进取心，保持奋斗，保持战斗力。

我要带着这股力量发个疯，这股力量必须强大，强大到可以雕刻一个全新的自我。

无常也蕴含着深刻、反思、新生。我们剩余的生命，应该像东坡一样去面对各种各样领域的挑战。

他是政治家、策论家、哲学家；
是诗人、词人、散文家；
是治水治蝗等领域的防灾减灾专家；
是高水平的园林设计师（黄州、惠州的居所、苏堤等）；
是高水平的厨子；
是发明家，农具制造师（据说他被贬谪到惠州后，帮当地稻农造了一种名叫"秧马"的插秧机，农民坐在"秧马"上插秧，用脚移动，可减轻劳动强度；"秧马"推广后，农人称他为"农具制造师"）
是酿酒师和品酒师，著有《东坡酒经》等；
是个不错的丈夫和很好的父亲……

我们终究，会把自己变成什么都会自己做的人……以前觉得我写什么领域都可以，只要肯花不同的功夫就没有不可以涉猎的领域。这些倒是一直都有的理念世界里的自信。

而现在，现实世界中最好也自己什么都会。无助的时候，有人帮你最好；没有人帮你，你的心也是平和的。那是真正的随遇而安。

第十一方 治困顿

苏东坡用"雪泥鸿爪",来说明人境相值的偶然性;又用"磨牛"来说明人境相值的重复性。

真好啊。真巧啊。我上一本书,就是寻找到鱼雅、庄蝶、青牛、犀照等这些带动物的词汇,来说哲学和理念上的事情。

跟苏东坡最相关的动物大概就是鸿了。

《和子由渑池怀旧》诗:"人生到处知何似,应似飞鸿踏雪泥。泥上偶然留指爪,鸿飞那复计东西。"

人类的悲欢不相通,其实还在于自己的世界太小,把自己却看得太大。一旦把自己的世界变大,是可以对别人的境遇感同身受的。

大多数人的人生流程是相似的,大家在某个年龄一定在做某些事,上学、恋爱、工作、结婚、生子、创业、婚变、病变、衰老……平凡生活里,都是枯燥和突变。

在太小的空间里发挥着自己,这样的自己像酒精,终究会蒸发殆尽。

东坡诗《送芝上人游庐山》写道:"二年阅三州,我老不自惜。团团如磨牛,步步踏陈迹。岂知世外人,长与鱼鸟逸。老芝如云月,炯炯时一出。比年三见之,常若有所适。逝将走庐阜,计阔道愈密。"

"团团如磨牛,步步踏陈迹。"这是苏东坡自己感慨,不知道自己的命运为何重复再重复,贬啊,升啊,贬啊,升啊,贬啊,再贬啊。都习惯了。都是重复性的命运。

其实,看到他的这些诗句,首先是开心的。因为其诗歌里也有"鱼鸟"——"岂知世外人,长与鱼鸟逸"跟我那句老话"任凭世事变化,内心鱼鱼雅雅"一样。

有时候,与其重复,不如灭亡。有时候,就应该画一个明确的休止符,至少在心里。

《次韵江晦叔二首其一》诗:"人老家何在,龙眠雨未惊。酒船回太白,稚子候渊明。幸与登仙郭,同依坐啸成。小楼看月上,剧饮到参横。钟鼓江南岸,归来梦自惊。浮云世事改,孤月此心明。雨已倾盆落,诗仍翻水成。二江争送客,木杪看桥横。"

"浮云世事改,孤月此心明。"那是什么意义呢?人生就在追求意义,浮云散尽后的明月,在照耀人心,无论世事如何变化,都可以等闲视之。

在谁都不愁吃穿的时候,谁能处理好自己的心绪,安放好自己的情绪,真诚面对所有的起伏,就是盛世里的处变不惊。

人的生命其实都是在打铁铸钢。抵抗的是两种完全不一样的生命状态,即枯燥无味和变幻无穷。

苏东坡每天都会阅读、书写、背诵很多东西。这些东西,其实都是体力活而已,创造的世界的底层,是这些丰厚的"重复"劳作。

这种重复,就是一层层的花泥,是肥料。人为什么能创造?是因为他的信念就是自己经常在创造、时时在创造。没有什么可以局限自己、禁锢自己,所有的动作都是习惯,习惯成自然,自然有天成。

我一直在想,我的人生就算遇到什么挫折、无常,哭到崩溃,我还是可以写作,而且题材不限、格式不限。生病了写,住院了写,失恋了写,生气了写,悲伤了也写,反思了写,憎恨了也写。

生命的感受从未停止过,所以,有时候能猜得七七八八,某个关系是不是到了终点了。其实,都是有预示的、有感知的。持续的感受力虽然赶不上无常的降临速度,但至少,在努力减少差距。

时间和文字都是钢铁,钢铁就是力量。对待他们可以更分子化一些,锤炼得可能更灿烂一些吧。要像苏东坡,他看《唐书》《汉书》每一行都记得。

我们现代人谁还会花费大量的时间去记忆?借助数字化智能处理工具,很多事情都可以复制粘贴,可以获得便利,可以依靠他人分工,我们自己独立地完成一件事的能力在消解。

我们焦虑、彷徨,因为我们控制不了全局,驾驭不了自己的生活,记不清自己的细节,只能过一天算一天。

我们过得悬浮、飘、晕眩、病态、扭曲、亢奋,最后剩下的只能是未收拾的残局。而生活本身就是每一天真实的、具体的日子。

我们的感情,终究都不牢靠。还是靠自己如钢的时间雕塑活着,雕塑的要诀就是注意每一刀、每一划。这就是对付枯燥、无聊的方法吧,格物致知。

面对困顿和枯燥怎么办?

我三十岁之后,会习惯早起。起早是会有灵气袭来的。比如打开书看的就是一个完整的、精致的、马上可以学会的方法。

喜马拉雅山的智者认为,清晨时光中包含神秘的元素,可以从中感受到宇宙的脉动。所以他们四点起床,沿着陡峭狭窄的山路缓缓而行,到达某个河流的下游,然后再顺着某条几乎看不见的小径继续走,走啊走啊,走到一片青绿色的湖水边,连水鸟还在沉睡。智者会观察平静的湖水,把自己的念想在湖水上投射成"现实"。

又比如,盯着一朵玫瑰的花心,每天盯20分钟进入冥想。总之,都是可以分享给别人的好方法。我觉得这样收集的知识或智慧的感觉,就像收集朝露。

早起、晚睡,你把每一天的时间拉得非常长,里面塞满了很多的内容,而且越来越标准化、格式化、仪式化。其实,这样很少会有真的困顿的时候。

我喜欢一种说法——越忙越精致,越虐越高级,越潇洒越小心,越困顿越安适。

大概就是,当你有时候越来越忙,而且是有内容地忙,真的会把自己收拾得像妖精一样,神来挡神,鬼来挡鬼。外表精致,内心也精致。因为只有这样,才觉得自己是准备好的。

越虐越高级,无论是剧情设计的引人入胜程度,还是锻炼身体提高极限承受能力,现代人好像故意在追求这个刺激。那些勇敢、冒险、坚韧等美好的品质结合起来,炼成的仙丹,真的对人生和命运有帮助吗?

至于"越潇洒越小心,越困顿越安适",那是苏东坡的经历告诉我的。

他被贬谪到惠州,写过"为报先生春睡美,道人轻打五更钟",就这种闲适生活的诗歌传到章淳耳中,就又被贬到更远的儋州。

食罢茶瓯味更深,清风一榻抵千金。腹摇鼻息庭花落,还尽平生未足心。

"某谪居已愈年诸况粗遣……今北归无日因遂自谓惠人渐作久居计。"他都已经打算定居在惠州了。其实困顿中也可以安适。

但他就这么潇洒自如吗?不,他在这里的生活是困顿的,身体是饱受痔疮之苦的,他都已经59岁了。友人詹范经常周济他,还带着酒具和酒来跟他喝,还给他米。

苏轼生活如此困窘是有原因的,其中一个重要的原因是朝廷自绍圣元年以来连续三年欠他的工资累计二百贯;此外,苏轼在惠州建造新居也是造成他经济拮据的原因之一。他在惠州,其实已经改了个性,不再率性而为、口无遮拦,而是变得谨小慎微、慎言惧祸。

这种小心戒惧的心态集中体现在他给表兄程之才的书信中。在这些信中的末尾经常有一些"请勿示人""千万密之""幸读讫便毁之""勿令人知出于不肖也"叮咛切至的话。

每个人的生活中，总有各种各样的问题，那么遇到问题就辩证思考，且多想想平常没有想到的反面，反差感有时候能救自己的心。

心境是可以允许苦闷和潇洒并存的。人的心是复杂的，各种相反的特质可以在一个人身上和平共存。一切苦乐祸福，都可以当作研究自己的试验器，研究完了成为一些作品后就让它们都消逝吧，无足留滞，豁然冰释。

清空自己的情绪、概念，继续做新的事情。

第十二方 愈失控

告诉你哈，苏东坡是个工作狂。

我在写苏东坡期间看了很多书，包括中国作家协会副主席张炜写的《斑斓志》，印象最深的是，他写过：我们在默许中不停地追赶、喘息，却以这种提升速度的技能为荣。实际上，我们投入的是一个被速度改变的时空，是一场人类的悲剧。命运让苏东坡的一生都处于急急奔赴的途中，不得安歇，不得休养生息。

他一生几乎没有一个稍长一点的居住地，真是不系之舟。但他总是细细考察，赶紧做事。他办事效率极高。到了登州短短五日，就调查了政务民情，登阁观海并写下诗篇，上《乞罢登莱榷盐状》《登州召还议水军状》两道奏折。

不停辗转，工作效率又极高，幸福和痛苦层层叠叠地涌来，他都接得住，这绝对能适应现代社会及互联网节奏。

忙碌是好的，忙碌是占领现实、稳定自己的方法，比无聊、枯燥的状态要相对好一些。

我有一段时间，各种事情交织，同时要处理工作和家事五六件，就当成五六个项目做。一部分是因为自我加压，想要在人生转折的时候给自己多一点机会，让自己在新的方面"立"起来。

中年危机感谁都会有，总想理出一些新生机来。但是人要准备一些事、储备一些人缘，需要好多年，是急不来的。忙碌和努力奋斗也是不一定能求来自己想要的结果的。

世界少了谁，都可以运转如常，只是单个人自己的不舍不弃罢了。

其实，真的不能坚持之时，或者真的让你不得不卸下那种曾经你以为很重要的角色和责任时，问一问自己："此间有甚么歇不得处？"

东坡还写过，世人看到有人在桃花下悟道，纷纷效仿，种桃花，做桃花饭，效仿了五十年，但也没有几个人是真的悟道的。

悟道是悟道，桃花只是场景。人们只喜欢模仿大场景，知道大道理，但不喜欢知道那个人究竟发生了什么。一个经典的场景，经典的人物，经典的道理，最受益的就那么几个人。一个人每天能创作的东西，就那么多；人能做到的事情，就那么多；人能感动的东西，就那么多；人能享的福、受的苦，就那么多。

所以，我们要知足知止。痛苦有时，欢乐有时，有"时"的，都有"量"。

我们现代人，常常会失控。首先是情绪上的失控，暴躁、烦躁、难过、苦闷，等等。其实性情上的事儿，都要自己设定一个结束机制，不然容易伤人伤己。

我觉得，我们以后都要形成一个习惯，就是既然自己是从内心出发去研究各种问题的，以后遇到任何事的时候，先问问相关的人，他们的当下在经历什么，比如A可能失恋，B可能孩子生病，C可能刚跟别人有矛盾，等等，先要留出一个时间，做一些让他们情绪安定和清空的事儿。

人的生活有时候应该文艺化一点，多一些特定的步骤和仪式，多一些韧性。如果是特别精通生活的人，应该"妙算毫厘"，甚至能够预测他人的行为和心理变化。就像东坡在表达艺术家表现意象的波涛之势时，所说的"得自然之数"。

按照布列松的"决定性瞬间"理论，世界上任何事物都有其决定性时刻，世界上的万事万物随时随地都处于不停的运动中，它们之间会发生各种各样的分离和组合。在某些条件下，某些形象突然相遇组合到一起，就能产生一定的意义，甚至反映出事物的本质。

在这个理论之下，当下的瞬间可以被捕猎，而下一个瞬间可以被预测。人的行为是可预测的。这好似是在无常里找到常在，也是一种超越无常。

我们其实经常被各种力量莫名左右的。不光是那些所谓抽象的命运，甚至是大部分人不懂的各种细分领域的技术、各种交流和排列组合概率，等等。

比如海德格尔在《技术的追问》中提出一个词叫"集置"，就是各种摆置的聚集。人在集置的命运的驱使下，订造、摆置自然，将事物变成持存物的同时，人自身也成为被摆弄者和持存物。

我转换成自己的理念，有了新的一重认知是：人为因素不断累积，与自然因素不断交融，人为因素其实也是一种客观存在，越人为就越被动，主动力量失去防守能力……人就很容易随波逐流，变成了被生活洪流包裹的被冲击物、被摆弄者。

有一天，我看到了一个明亮的眼睛一样的夕阳。我意识到，这个世界的部分人会将特征和气质凝于一个建筑、一个组织之中，形成自己的"美常在咸酸之外"。一切系统和合理，都是摆置得当。

在冲破被摆弄感的时候，人应该形成一个习惯，经常整理自己，理论化自己的胡思乱想，形成一种自我笃定的概念、信仰，包裹进自己的所有思想锤炼过程。这是治理失控的好办法。

人还是需要当个哲学人的。经济人榨干自己的丰盈，追求的是最少资源消耗与最多产出；社会人消磨自己的无用，只想获得社会认可和社会地位；只有哲学人，让人变成一个全人，才懂得节制自己的无情、绝情和滥情。

苏东坡在《宝绘堂记》里写道：君子可以寓意于物，而不可以留意于物。寓意于物，虽微物足以为乐，虽尤物不足以为病。留意于物，虽微物足以为病，虽尤物不足以为乐。

"寓意于物"就是性情节制而不放任所致，而"留意于物"则是放任了自己的性情，弄得难以收拾。不可对物沉溺，凡事都要收拾。

钟繇是三国曹魏书法家，他曾向韦诞借《蔡伯喈笔法》，韦诞不借，气得钟繇吐血，曹操用灵丹才救了他的命。韦诞死后，以《蔡伯喈笔法》陪葬，钟繇不惜令人挖开他的坟墓，得到《蔡伯喈笔法》。

晋桓玄喜欢书画，当时兵连祸接，他常用快船装着自己喜爱的书画以及服饰玩物随行，以为这样跑得快。最后他还是死于兵乱。

那些执着的人，也不一定会都是有益的执着。是性情，但都需要节制。

当我情绪明显不对、焦躁时，我会试着从东坡身上找方法。情绪，其实是一种心理灾难。遇到灾难之后，应该有一套灾后重建的方法。

比如，辩驳和矫正不合理的信念和语言体系，重新修改思想与外在语言。

为什么这个年代，字幕和金句那么提神？大概就是简单粗暴的语言，具有立马冲击情绪的作用。所以，对付情绪的办法，一定是要马上转换内心里的提词器！

对于自己的绝境和崩溃的情绪，自救方法是永远想着好的东西，加速转念。

曾经的中原人东坡觉得海南不好，不宜居，适合流放罪犯，让他心灰意冷，惊惧胆寒。可是生活了一段时间之后，他发现海南也不错啊，可以吃生蚝，也有百余岁的老人。没有友人就重新结交。他发现有个叫王公辅的老人，鹤发童颜，能饮酒，活了106岁。

任何境况之下，都可以习而安之。

道家强调，一定要辨名实。道可道非常道，名可名非常名。名者，实之宾也。改变不了命，改变不了实，可以先改变"名"，改变"名"其实是破除认定和"以为"。

情绪是一种很绝对的又很概括的力量，所以简单粗暴的攻击力强。怎么解开它呢？庄子就强调把极端破除掉，"天下莫大于秋毫之末，而泰山为小；莫寿乎殇子，而彭祖为夭"。

"平生生死梦，三者无劣优。"东坡离开海南留下了这句话。生、死、梦，是人生最平等的事情了。

"齐彭殇，一死生"，能够帮助人们克服"非黑即白""非此即彼"的二元对立绝对化思维。简单来讲，就是什么事情都正着想一遍，倒着想一遍，正反两面都想想，差异性的思路都找找。

《道德经》云："知常容，容乃公。公乃全。全乃天。天乃道。道乃久。没身不殆。"老子说过，一个智者应当破除偏见；破除了偏见，思想才能全面；思想全面了，就胸怀广阔；胸怀广阔的人才能得见真理；得见真理的人才能持久发展，终生不会跌倒。

还是要跟自己的执念说很多次"拜拜"，不用担心它会不会再回来，回来就再说"拜拜"。胸怀要广阔，这得不断提醒自己。

第十三方 愈不安

在某个普通的一天，我的记录里发生了好多事。

一件事是，有一个人从我常常坐的那趟地铁跳下去了。先是在网上看到了新闻和图片，然后又经过了现场，但似乎并没有引起什么反应。这个人是谁、他为什么想不开、有什么故事，都无从知晓。我在路过那一站的时候，一直在念往生咒。

地铁上的人是如此平静。死亡，其实那么近，又那么远。生活很现实也很残酷，谁也不关心谁怎么活着、怎么死。没有影响力的人和事，瞬间就会消失，甚至不会泛起任何波澜。这才是人世间最大的不公平。

人生是瞬间的意志改变的。爱、恨、生、死，其实都是一瞬间的命运经由人的意志做的决定。

另一件事是，那天，我们一直在那办公五年多的公司确定要上市了。看着一批批的人走，又一批批的人进来。因互联网估值暴富这件事是真实的、可触摸的。变现这件事，其实也是很突然的事儿，像一棵植物烧出了一团火焰，变成了金灿灿的模样。

其实不只那一天，我体会人生是瞬间变的。当一个人说爱你的时候或不再爱你的时候，你那颗总是迟缓的心，是不知道为什么来得那么突然，走得也那么突然的。变富变穷变心变脸，都是一瞬间的。瞬间影响力到底是什么呢？是混合着命运气质的人海里的浪奔浪流。

东坡说:"成毁须臾之间,谁为喜愠?"

人生如果是瞬间改变的,到底日常的修养和努力奋斗经营,有什么用?

东坡也是啊,突然间就名声大噪了,突然间就因诗入狱了,突然暴升到从二品高官,突然又被贬到最偏远的地方。他的人生怎么办呢?就是一生都在修养自己,做好一切命运转折的准备。

他临死之时说:吾生不恶,死必不坠。慎无哭泣以恒化。他连死都死得那么坦然。对死亡达观,对自己人格的坚信,让他死得潇洒。

人活的就是一个自我长期认可自己的感觉。

我常觉不安。有短期的,有长期的。常常觉得这辈子就这样了,不知道在哪里继续发展,如何再遇到一个思想美好且可以相伴很久的朋友,或者如何再突破自己的事业。但有时候,人生就是个等字、磨字,且看事情变丑变脏,再等它在岁月中如在水中沉淀、变清变雅。

人的命运,其实是外在命运和内在命运的综合体。外在命运,大师们替你排一排生辰八字、紫薇星斗,可能就知道个框架了;还有周围环境所限,跳脱不出来的困境和生活,大概就是外在命运。

而内在命运是你自己的欲望、愿景、价值和使命了。

人的命,都是水中草。水中草,光是水,漫无边际,不知收敛;光是草,拔出来并不好看,也不美。就在水中飘荡的才美。让你什么都满意的命,实用性上是好,艺术性是不够的。

我依然能看到非常平和、美好的人,常常羡慕他们的状态,他们似乎拥有真正的岁月静好、不离不弃。我现在统统升级为了祝福,祝福他们永远享受,一直好好经营下去,珍惜当下。

我觉得,这世上变化多端,甚至商业利益和社会福利驱使的创新,一直会代有才人出，是不算难的。真正难的，是在繁花似锦的世界里保持精神上的不变。

我现在对于自己没有的东西，不再求，少抱怨，不再被别人的情绪所影响，我觉得那都不是真的我，是我讨厌的状态。

我应该是个散淡的水水。此心安处是吾乡。

苏东坡《定风波·常羡人间琢玉郎》，"常羡人间琢玉郎，天应乞与点酥娘。尽道清歌传皓齿，风起，雪飞炎海变清凉。万里归来颜愈少，微笑，笑时犹带岭梅香。试问岭南应不好，却道：此心安处是吾乡。"

东坡好友王巩（字定国）因为受乌台诗案牵连，被贬谪到地处岭南荒僻之地的宾州。其歌伎柔奴毅然随行到岭南。1083年（元丰六年）王巩北归，出柔奴（别名寓娘）为东坡劝酒。问及广南风土，柔奴答以"此心安处，便是吾乡"。东坡大受感动，作此词以赞。

这首词，我觉得代表了东坡的那种人间乐趣收集器的特性。感人的都值得记录下来。其实写作者创作者，有时候不如沉浸在生活本身的那些人，更懂如何表达真切的感受。总有人轰轰烈烈地完成自己的人生，不留任何文字痕迹，有心人才会将此变成故事。

有人爱着陪着的感觉真好。可是，这个世界上最贵的就是心甘情愿。哪里有永远的心甘情愿呢？如果人生对于某些感觉很留恋怎么办？

留恋的东西，通常就像鸡蛋里的蛋黄一样。需要剥掉蛋壳、蛋白才能看到，你却并不留恋整颗鸡蛋。不然你会去爱全部，而不是留恋某个部分。于是你才懂了，缘分这东西，是一起放弃的。没有缘分，就会没有任何感知。

此心安处，是因为有全部的、不顾一切的爱啊。

第十四方 治颓废

我们生而破碎，用活着缝缝补补。（We were born and repaired with living stitches.）

这句话很有名。但是人生又不是布，光靠缝缝补补就可以了。

朋友跟我说，如果你看一个人特别坚强又特别柔软的人，那他一定经历过很多苦，也悟了很多。

人生某些破碎，是石头裂缝，并不是缝补就行的。那些不可能发生的事情就真的发生了，这种变化是不可逆的。人生不可逆，用什么去填补巨大的裂缝？只能在这个山头向往事作别，彻底作别。

人要修复的，不是事情、关系本身，而是修复自己。让自己重生，没有第二个办法。

我们这个时代，还追求爆款，但世事又不是衣服，款式并不是本质。款式可能是妖孽一样的表象和载体。脱开自己的兴衰荣辱的外衣去看待世事，才能看得清。

东坡也常常会颓废和难过。比如密州蝗灾的时候，他只能去常山祈雨。在祝文里面，他写到自己的责任，也谈到了山神的责任。后来终于下了雨。不过紧接着就是饥荒，他觉得活在世间真容易颓废啊。怎么办呢，只能给自己不断打气。这才有了著名的豪放词《密州出猎》。只有完全不一样，才能拯救自己。

都说东坡随遇而安,不,他做的都是某种别人不会干的事情。很多贬谪中的士人经常是租房子住的,因为随时准备要走。只有东坡,尽管经济条件不好,他还是竭尽全力要安家,做长期打算。这才是真正的四海为家。眉州老家是家,常州也是家,"家在牛栏西复西",天涯海角都是家。

这种感觉是什么呢?就是:

如水在地中,无所往而不在也。
没有固定的家,又处处是家。

这是一个层面。

还有一个层面是,当你的生活方式是由内而外的,从内心的想法去做事、去付出的,那么你就能随遇而安。如果你的生活方式总是受环境、事业和家庭压迫内心的,那不可能随遇而安,那是心如死灰凑合过。

有时候,生活永远是漫长的空袭演习,过分紧张不得安宁。

真正的随遇而安,是安心的,是甘愿的,是由内而外的。

有时候,我的情绪会瞬间崩溃,有一股力量把我拉下来,然后被摔得好疼,只能哭喊。我就边跑步边哭。三公里,五公里,肺活量变态式训练,倒也不难过了。频频袭来的沮丧,需要自省力、定力和戒力。"止疼"机制非常重要。

东坡在《与王定国书》中写道:"但目前日见可欲而不动心,大是难事。又寻常人失意无聊中,多以声色自遣。"

人一辈子那么多天,95%跟前一天完全一样。人就是这么枯燥乏味但默许无穷的烦恼会榨干健康与激情,所以不能任凭自己颓败下去。

遇到棘手事情的时候,不要有经你努力马上会好的企图心,非常迫切去解决、去执行,而是应该让它搁置一会儿,让子弹飞一会儿。

不要马上去印证，不要马上去卸掉，不要马上清理掉，不要马上掩盖起来，就让它堆起来，暴露着，让它自行风化。颓败是一座山峰，它的本质却是灰。一吹就散，散满整个天空，搞得乌烟瘴气的。

看到《人间世》里面那些照顾自己病妻到最后的男人，在妻子死了之后一年就再婚或者恋爱了。其实能够照顾到死已经用尽了所有的理性的爱了，这种爱也能感动后来者。深情这件事，最容易事与愿违。

苏东坡在妻子王弗死后三年，才娶了王弗的堂妹王闰之。古人讲究，三年，其实是个非常好的数字，大家都能接受生活的变化了。一年确实短了点，但也是人之常情，现代所有的东西大都是为了满足即时需求，包括感情。长久的东西，谁也说不准。男人本来更加刚而脆，并不柔而韧。心里永远有个位置放一个人已经不错了。

东坡写的"千里孤坟，无处话凄凉"，不是说他自己无法诉说凄凉，是说王弗无法说……东坡多懂人心啊！

难过的时候，我大概会想，这是一段必经之路。只能熬着。过不了多久，自在的感觉会回来的。

在人生曲折处，就熬着，不期待，不希望，也是一种自在。熬着熬着，就熬出了生存，并不是靠什么方法和技巧。

熬着的时候，听从自己的内心，做自己想做的事情，改变自己能够改变的，接受自己不能改变的。接受所有因果。

不是你信不信命，人就只有一生一命。该付的代价，一定要提前付好。什么叫提前付好呢？就是给它一点溢价，多付一点，不然以后会付出更多。

载歌载舞，深得其乐，忧患来临，一笑置之。
吾上可陪玉皇大帝，下可以陪卑田院乞儿，眼前见天下无一个不好人。

人如何自在？最后只能是没有分别心。再痛苦的一天，再深爱的感情，最后都会归于平静。曾经有些状态是扭曲的，从心到表情都扭曲。知道自己扭曲，就要慢慢地靠时间去掰过来。

等到某一天，你看见谁都心和眉眼都舒展了，你就突破爱恨，立地成佛了。我体会了自己从痛苦中觉醒的全过程。

以前，叔本华说人生就是钟摆，不是痛苦就是无聊。

尼采哲学的核心是人生的悲剧性，继承了叔本华的悲观主义人生观。他认为，人生是充满悲剧性的、荒唐性的，人生的感觉都是虚无缥缈的人为意志强加的假象。

东坡的词是豪放，但豪放中带着些许悲凉和一股清气。

"孤馆灯青，野店鸡号，旅枕梦残"与"当时共客长安，似二陆初来俱少年。有笔头千字，胸中万卷，致君尧舜，此事何难？"

"羽扇纶巾，谈笑间，樯橹灰飞烟灭"与"故国神游，多情应笑我，早生华发，人生如梦，一尊还酹江月。"

以上两种，可以同存于一首诗中。

东坡认为，"世路无穷，劳生有限"。那些乐观的积极作为，是因为对人生有非常清醒的认识。

在无聊和痛苦里待久了，该觉醒和创造了。

觉醒是什么呢？一定是生离死别，生死考验刺激的。没有这些体验，无法真正觉醒，更无法真正创造。

尼采认为，人生是充斥着悲剧性的痛苦，就应该以悲壮的姿态和充沛的原始生命力去对抗痛苦，虽然知道命运不可遏制，正因为这样，反而生出由衷的快感，甚至狂喜，超越痛苦，成为超人。

苏东坡就是这样的超人，原来跟尼采是一类啊。

学习他们吧。

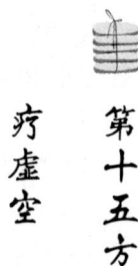

第十五方 疗虚空

我在经历波折后,虽然恢复了元气,但经常对人生有一种虚空感,觉得对我们这种庸人而言,人生就是反复建设,反复被捣毁。无论是信任、感情这种无形的东西也好,还是各种不停换城市、换环境、换身边人,总觉得人生就是好像拥有过又什么都没有。

东坡在《记游松江》中写道他从杭州到密州去做官,和杨绘同船,而陈舜俞、张先跟他一起去湖州拜访李常,于是和刘孝叔一起,在松江边摆宴(垂虹亭)。

张先那时候都85岁了,还写了一首《定风波令》,"见说贤人聚吴分,试问,也应傍有老人星。"当时的人都欢饮。

七年过去了,有些人都去世了,松江桥边的那座亭子也被海风海潮吹毁了,没有留下一点痕迹。

东坡于是写下:"追思曩时,真一梦耳。"

回想往事,也就是一场梦。做了一场又一场梦,还没收拾就已经全部消失殆尽了。人生,几年就是一大变了。要适应。自古就是如此,而不仅仅是在这个信息爆炸的时代。

读《东坡志林》的时候,挺着迷的,因为对胃口。虽然东坡有时候也是个神经质,比如从自己30天的尿液里炼丹之类的,但他真的是个喜欢记录的可爱之人,在他眼中可能什么都值得记一笔吧。

东坡为什么能那么适应多地流转，而且可以忍受贬谪？因为他是个有信仰和信念的人。

怎么说呢？

第一个，"浮屠不三宿桑下者"，意思是佛教徒不能在一个地方常住。因为他是佛教徒，他觉得不在一个地方常住，那是必然的、应然的。

第二个，当他被贬到不能再远的海南时，他是这么安慰自己的："学出生死法，得向死地走之一遭，抵三十年修行。"意思是，修行时看淡生死的境界，得向生死地走一回，这抵得上三十年的修行。

东坡特别喜欢用三十年这个概念。有一篇写道："余以为蛟龙必因风雨，疑此鱼圈局三十余年，日有腾拔之念，精神不衰，久而自达，理自然尔。"

为什么鱼能像龙一样腾跃？是因为这鱼，用了三十余年的时间，每天都想干成这件事，精神不衰，自然就达到了。

我的人生理念就是三十岁过三十年，三十岁的那种做人做事的好奇心和好状态、好面貌，坚持三十年。三十年、三十年地修行着，挺好。

活着是需要斗志的，也是需要境界的。人无法平衡很多事，平衡是很少的情景下达到的，大部分时候我们要承认自己在失衡状态，有太多需要做的心理运动了。

东坡有个重要的概念叫"战于内"。

东坡认为人心如果处于无心状态，就能顺应自然，淡然自若，独立自足。人心若蒙蔽于物，就要求心自达，去蔽正心。东坡认为，静、柔、阴、虚达到无心。天地之间的"贵贱""刚柔""吉凶"都是"自位""自断""自生"的呈现。

苏东坡强调"战于内"："蒙"者，有蔽于物而已，其中固有自正也。蔽虽甚，终不能没其正，将战于内以求自达，因其欲达而一发之，迎其正心，彼将沛然而自得焉。……故曰"时中"也。圣人之于"蒙"也，时其可发而发之，不可则置之，所以养其正心而待其自胜也，此圣人之功也。

王阳明的理论，一直说着良知，其实那是他总结的天道，他觉得人心能感应天道，良知是人人皆有的"天命之性"。至于怎么致良知呢？就是不向外求，向内求（"致良知，不假外求""若解向里寻求，见得自己心体，即无时无处不是此道"）。

他晚年自己总结自己的理论要点是："无善无恶心之体，有善有恶意之动，知善知恶是良知，为善去恶是格物。"

王阳明所追求的人生境界是"夫退身以全节，大知也；敛德以亨道，大时也；怡神养性以游于造物，大熙也"的智慧明理，及"江日熙熙春睡醒，江云飞尽楚山青。闲观物态皆生意，静悟天机入窅冥。道在险夷随地乐，心忘鱼鸟自流形。未须更觅羲唐事，一曲沧浪击壤听"的静观真乐。

其实，跟自己的心好好相处，都能找到道。他们确实都是心流派的。

面对问题，就想解决它的时候，会让人兴奋不已。当这种感觉面对残破的人生的时候，就像一个满是洞的灯罩，会让光明按某种无序透出来，仿佛是一种预示。

人生就应该不断建啊，造啊，教啊，治啊。各种东西需要经营。东坡在惠州干了好多事。自己都快活不下去、活不好，他还是为百姓做了好多事。

人顾不好自己的时候，有时候也是可以顾好别人的。是的，这看似有点反人性，但也是一种客观存在。

当下这个强调场景和情景的互联网社会也是好的，越来越细分的场合，可以发掘人的各种此前不被重视的人类特质。

因为每个人是不同特质的载体，有些特质还相互矛盾。人有一面灰暗昏沉，也总有一面会金光闪闪。也正因为这样，人永远要不厌其烦地鼓励好的、正向的东西，呼唤那些美好的特质，抑制那些不好的。人永远需要鼓励别人、激励别人，对别人好、对自己好。这种好，值得永远改进。"浊水变清澄，全在自流中。"

把自己当个载体，不要当成一个命运，载体的作用就是繁殖智慧、勇气、辨识力和力量。我是我，我也是旁观者，我也是通道，我也是渠道。所有的多余的感情、纠结、悔、恨，都可以放下，我只是一个输入者和输出者。一切干干净净，无牵无挂，这种境界，也挺好的。

人为，是这个世界的日常，也是客观存在。自然因果的，人为强制因果的，都是因果。东坡说的，世事一场大梦。你看梦，都是随意安排的。今天你死，明天我亡，今天爱，明天恨，太没有逻辑了。

作为人，总是"作为"，其实有时候应该"无为"。世间事交错，人生改变就是瞬间。太多的想不到、不合理乃至错误，其实在某种意义上，也是半个真实和现实。

抵御这些东西涌来，真的是日常。进入你日常生活中的人或事，是多么深的缘分才有的啊。

明白了这一点，才扩大了生命进行下去、活下去的容忍度。

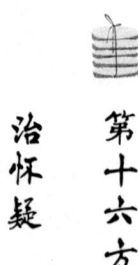

第十六方 治怀疑

我有时候是怀疑人生的。虽然知道自己必须活下去,但是我理解的、渴望的那种我自己的美好,和别人的美好,我觉得都特别稀少,我寻不到。

苏东坡在《赠王仲素寺丞》中写道:"苦恨闻道晚,意象飒已凄。"所谓意象,是身体与心理上的气象,是一种冷静的自我观照。

我觉得我从小就擅长自我观照,所以在文字上也特别喜欢意象,自然也特别理解东坡所言的"诗中有画,画中有诗",即重视诗歌中的形象与画面感,重视绘画中的情感节奏与诗性意趣。

最好的境界,大概就是"万象叠现,妙想无穷"。

我记得我小时候看过一个养珍珠的湖,有一天早上上学骑车在上面看到了真正丰富的色彩斑斓。我不知道是真实的还是有我的想象力在里面,总之,我觉得我看过最美的风景就在那里。

可能我无意间都在给自己认为重要难忘的无关世俗的那些意象,加工再加工。人生某种意义上是一种无限的修辞。

苏东坡认为,变化之所以会发生,并不是因为背后有什么驱动力与呈现者,而是因为"形象"生成,变化就自然呈现了,比如风云变幻。

我们总是要找一个意义、背后的动机目的驱动力,这都是工具理性和逻辑理性。人生如风云变幻，爱恨情仇生死莫测。其实，天地如此宽广，人海如此辽阔，即便有了人工智能，人们的生活和心情也不见得比以前高明。

最简单、最持久的人生布局，上天如果有安排，那一定是"随物赋形"，心物遇合。

东坡说"用息功显"，在某种虚无的自由中形象自现、变化自成。这个感觉真好。莫强求，莫强求。

我一直不知道那些经典电影的具体画面到底如何构成的，其实那也是无意之间形成的，只是有个框框去取像，至于像里到底有什么，其实有天意、有人为，由意料之中也出乎意料的东西混合杂糅而成的。

追求这种感觉，真好。我大概也是莫名其妙这么混着写作的，只是功力也很浅。怀疑的时候，就用一些新鲜的概念，自创的也好，学习的也罢，去混合自己的现有认知，然后如"牛奶永远保持着镇静的洁白"那样，维持自己的统一感。

人应该怎么保持每天在理念上的进步呢？

高手们会说，偷师！偷偷地在一旁持续关注一个人，有些演员的演技就是这么形成的，有些导演的功力就是这么形成的，有些诗人画家的技法就是这么形成的。

高手之所以成为高手，都是因为他们"偷师"。用所有时间去沉浸、去学习，而不是在程序上、仪式上、固定时段去学习，使整个人投入到创作之中去学习。

苏轼真正醉心于陶诗，试图用陶诗来消解心灵的苦痛。他在黄州、惠州的时候，一直在写"和陶诗"。

唐代诗僧皎然在《诗式》中提出了"三偷"之说，即"偷语""偷意""偷势"。

苏东坡具体的"偷师"形式是这样的：

第一，"袭故而弥新，研之而后精。"具体来说，"偷语"就是巧用旧语、点化成新。

比如：

陶诗《归去来兮辞》："田园将芜胡不归。"

苏诗《浰阳早发》："我行念西国，已分田园芜。"

第二，"窥入其意而形容之，意新而语工。"大意就是，透彻领会前人的构思，然后用自己的语言去演绎发挥，追求意境的深化与思想的开掘。"偷意"，就是用新的艺术技巧重新表达。

苏轼《和陶乞食》："庄周昔贷粟，犹欲舂脱之。鲁公亦乞米，炊煮尚不辞。渊明端乞食，亦不避嗟来。呜呼天下士，死生寄一杯。斗水何所直，远汲苦姜诗。幸有余薪米，养此老不才。至味久不坏，可为子孙贻。"

陶渊明饿过，苏轼也饿过，两个人都是真的饿过，才能写出这样的诗来吧。

我们知道很多故事、典故，经常把它们用在语境里诉说，好让自己的话语和文章充满了"学习感"。这种"学习感"是有黏性的，这是一种自我的惯性，我们吸收很多新的内容，知道很多新的故事，人生的素材在不断累加，谈吐和笔尖随意都能流出一个个故事。最好随着时光流逝，这些故事能有自己更动容、修饰的版本。中年人要有这样的自觉，我觉得"偷语"和"偷意"，在工作、学习中，可以当成日常来做。学习别人学什么？就是话语里的内容和表达的气质和感觉。

第三，"出新意于法度之中，寄妙理于豪放之外。"

当艺术高度可遇而不可求的时候怎么办？苏轼提出了"活法"一说，意思就是，随心所欲如"弹丸走盘"（苏东坡诗"新诗如弹丸，脱手不移晷"），在法度之内追求平淡自然，强调灵活多变。这主要靠悟性了。这差不多就是"偷势"。

写东西也是，要凭灵感和感觉，总是有些不太相关的问题来激发你、启发你，让你的文字里跳跃出当下的快感、神秘感和杂乱自然的生活感。我喜欢这样的感觉，这就是写作让人痴迷的地方，我写东西，有莫大的不确定性之魅力。

偷师最后靠七窍玲珑心和每个毛孔的悟性。

我总觉得，中年人每天必须给自己一些思维上的营养才行，不然感觉都白过了。浪费时间对中年人来说，比年轻人可怕多了。

怀疑自己的时候，就让自己保持学习的旺盛能力。

至于纠结时，我从苏东坡那总结过一个《风风雨雨不如狗》的故事。

学苏东坡，有一个很重要的进步，就是遇到让自己不开心的事情的时候，再也不会去从别人那里找安慰了。以前的我，非常敏感，需要写东西，需要倾诉。

其实，这世间风风雨雨太多了，习惯自己一个人避也就习惯了。

简单而无私的依恋这种事，我以前很追求，现在发现肯定是求而不得的。苏东坡从他在儋州养的狗乌觜那里是得到过这种感觉的。

风风雨雨算什么啊，最后还是可以清空一切，自由自在，没有纠结，没有缠绕，想做什么就做什么。我从我的前半生经历来看，觉得人生有时候就是在不断丢分。这里浪费一点，那里粗心一些，命运的网兜里抓了些鱼，有心无心地都丢光了，好在我也没有什么欲望和野心。所以，清空自己也不难。

有时候，某个故事你听了就是一辈子会记得的。某种感觉能唤起类似的内心重复这种感觉。其实，这个世界，有一种绝对逻辑就像基因一样，复制、重复，是唯一的规律。

扯远了。再补充一个故事，是这样的：

当我们的奶奶辈的人还是小姑娘的时候，她们这些人围着一个老头转，老头手里有烛光之火，那时候的戒指都是非常简单的圆环，需要这个烛光之火烧半个小时，时间长了，小姑娘们都离开去玩了，只有一个人坚持下来了，戒指烧得非常漂亮。

烛光之火，就是恒心。恒心，可以治怀疑。

附录

东坡身边的人们

我有一个观点是，东坡的身边人都很好，才有了东坡的好。爸爸好，妈妈也好，弟弟也好，三个夫人也好，三个儿子也好，老师好，弟子也好，连他的乳娘都是一个幽默达观的人。

把周围的几乎所有"可用""可陪"之人都培养成了知己，恐怕只有苏东坡有这个能力。他的身边从来没有"最熟悉的陌生人"一说，因而不用戒备森严，不用怀疑质疑，该是多么有安全感、信任感的踏实一生。所以，我这里挑了几个他最亲密的几个人。

写写他的身边人，希望可以给大家在家庭、育儿、社会关系等方面上一些新的启发。

苏洵

第一篇，先写他的父亲苏洵。

我对苏洵印象很好，原因挺奇葩的，首先竟是因为他说自己是个普通人。我反而觉得这句话泛着光。

苏洵把人分为三种：

第一种是圣人，他们就是负责制作礼乐的，肩负巨大使命；
第二种是贤人，遵守圣人之教，具有高尚品格的人；

第三种是中人,也就是普通人,有爱恨情仇,有情有欲,有难有易,有困厄有超脱。

当个普通人,视自己为普通人这件事,我觉得挺好的。我们每个人都是普通人,有光明也有幽暗,有优点有缺点,有苦闷也有潇洒。不是什么人上人,更不是神。只有有这样的认知和觉悟,才不会因为有点才华和能力,就觉得自己高人一等;更不会因为自己有钱、有资源和权力,就肆意妄为。因为自己是普通人,所以把世事也看成是平常事,无论发生什么事,都能拥有一颗平常心。

有了这样的父亲的影响,所以这家人,都是人本的、情本的,我对于这条线索的发现,觉得很欣慰。所以,这也就能解释了,为什么在苏东坡眼里,"吾上可陪玉皇大帝,下可以陪卑田院乞儿,眼前见天下无一个不好人。"在对人的态度上,尽量要做到人人平等,用真心是可以做到的;他也知道"抑人生自有定分,虽一饱亦如功名富贵不可轻得也",人人都不容易。

木心也说,"不知原谅什么,诚觉世事皆可原谅。"

我写过那么多苏东坡的好,这里也写写他的不好。因为,每个人都不过是普通人。

首先,作为一个女人,肯定不喜欢他这样爱了一个又一个的。当然,让一个男人从一而终、心无旁骛,那比登月还难,人类历史上登月的人大概也就有十几个吧。前一段时间还看到一个史料说,东坡在朝云故去之后,还有陪伴他的小妾叫榴花,他的很多诗词里也有榴花。比如《贺新郎·夏景》里的"石榴半吐红巾蹙。待浮花、浪蕊都尽,伴君幽独"。在文本里,人们总是希望一个人拥有相对比较纯粹和持久的爱情,一生不变,终身不离不弃,其实,人的生活很现实,男男女女都现实。

另外,他虽然是个美食家、酿酒师,但也经常弄出难吃的东西,还有让人腹泻的酒或者难喝的酒。比如黄州期间酿的酒,就让他两个儿子和朋友们都拉过肚子;在惠州酿的酒,儿子们都说味道不好,像屠苏酒,药酒味道太浓了。

而且,他酒量不好,但就是喜欢喝,喝完有时候还去爬山,真是不要命了。那还是他在徐州当知州的时候，非常勇猛，治理水灾，说有他在城就在，但也办过一些危险事儿，比如在黄楼开诗会，喝得醉醺醺的，还执意去黄茅岗，那里乱石多，差点摔死了。诗意一来，还写了《登云龙山》。反正，也是挺粗心的人。他要生活在现代，肯定开不了车。

他就是一个普通人。他父亲也说自己是普通人。普通人好啊，我们这才可以踏踏实实地学点啥、做点啥，才能好好修炼成更好的人，相互借鉴相互支撑彼此共鸣出点啥。普通人的人生就是要多扛着，试着，练着，终身完善着。

研究苏东坡时间越长，越觉得是他周围的人都非常好，才有了他的好。连他的乳母任采莲都好。她甚至比东坡更幽默。在被贬黄州时，东坡在房梁上挂着每个月的一串串生活费，她呢，则是在饭桌旁挂着一块用盐水浸泡过的咸猪肉。东坡的儿子们苏迨、苏过想吃肉时，任采莲就让他们望一会儿肉，扒两口饭，称这叫"咸肉止馋法"。

说回苏洵，他让我喜欢的第二个理由，是他在那个年代，还能做自己。做自己其实最难了，别人都在遵守标准格式的成功和幸福，你要不一样，实在太难了。

苏洵的心态应该是非常好的，他非常笃定自己的选择。他的内兄，两个姐夫，都考取了功名，就他一个人25岁才知道开始读书，但29岁去考进士的时候铩羽而归。他觉得自己写的东西都不好，就一把火烧了，决定不成熟之前就再也不写文章了。下这个决定的第二年，生了东坡。可见，孕育东坡的时候，是他父亲内心最不浮躁的时候。

我有个做了十几年广告创业的闺蜜最近跟我分享，她说她现在对于接到一个大单之类的所谓好事，或是这两年亏了不少钱之类的所谓坏事，不再有特别兴奋或抑郁的时候了。她开始有了所谓真正的平常心。因为兴奋或抑郁，对于人心的能耗太大了，内存占用太多了，需要不停地用时间、用金钱去发泄、消磨，还要"买买买"浪费地球资源，一点都不环保。是啊，想明白自己要什么，专心做自己喜欢或者必须要做的事情，多重要啊。

低能耗的、不再纠结的、笃定稳重的心，是一个人生活、做事，最适宜的心境。

苏洵就是靠自己悠长绵延的不断思考，走出了一条非常扎实的学术研究路。因为他不走科考路，所以他看问题、学东西，更加偏向自己真正喜欢的，写的东西都是自己真正领悟到的东西，这样一来，他思想里的人本、情本就出现了。

苏洵做学问有多努力呢？开始认真读书时，他有多么发奋呢？有个例子最形象，说他夫人给他放在桌子上的粽子，他没有蘸糖而是蘸了墨。

37岁时，他还想再试一次科举考试。可是仍然考不中，他觉得就科举考试而言，对老子就像登天难，对他的孩子们就像拾草芥。从此他放弃了科举，写文章只是为了揭示真问题，或是自己修心自己喜欢。剩余的人生全部精力，就是要为两个孩子铺路。他跟两个孩子的命运是如此紧密有致。

苏东坡原来不叫苏轼，叫苏和仲，为什么改名，苏洵还特意写了一篇文章，叫《名二子说》。

他解释道，"轼"指车厢前端供手扶的横木，"辙"指车轮碾过的痕迹，也指道路。对一辆车来说，车轮、车辐、车盖、车轸都有各自实际的用途，只有车轼好像没什么实际的用处，但是如果去掉车轼，也就不再是完整意义的车了。

他告诫苏轼：才华横溢必然会锋芒毕露，锋芒毕露必然会招致嫉恨、暗算。要像车轼一样，虽然身处车子的显要位置，却善于掩饰、保护自己。

他告诫苏辙：大家说起车子的功劳，不会想到车辙，但如果有了翻车之祸，罪责也算不到车辙的头上，车辙很妥当地处于祸福之间。

苏洵闭门不出读书七八年，悉心教导两个儿子。古人真的有大把的时间每天做学问。这种治学兼育儿环境，实在太好了。父子们追求的东西、学习体系都是一样的。

这个父亲还擅长演戏。两个儿子在玩耍的时候，他就在一旁读书，兄弟们好奇想看看他在做什么，他还慌慌张张地把书藏起来。他知道好奇心太重要了。苏辙曾回忆，"惟我与兄，出处昔同；幼学无师，先君是从；游戏图书，寤寐其中。"

在这样好的教育环境之下，东坡十岁的时候就能写："人能碎千金之璧，不能无失声于破釜；能搏猛虎，不能无变色于蜂虿。"

苏洵对两个儿子的教育是非常严谨严格的，他知道人生只有两个方式能够精进，一个是环境发生巨大的变迁，一个就是日积月累之功。所以他对儿子们的学业，从不放松。

几十年以后，东坡在海南流放地，还做梦梦到了父亲第二天要给他考试，背诵《春秋》。突然就吓醒了，醒来之后，觉得自己就像挂在钩子上的鱼。他为此写下了《夜梦》这首诗——"夜梦嬉游童子如，父师检责惊走书。计功当毕《春秋》余，今乃始及桓庄初。怛然悸寤心不舒，起坐有如挂钩鱼。"

不得不说，苏洵是有人生智慧、预判力、战略部署力和监督执行力的父亲。他还让东坡从小模仿欧阳修的文章，熟悉他的风格。这为日后苏东坡和欧阳修的相识和缘分也奠定了基础。

我觉得一个父亲的意义，最重要的就是精神源泉和精神支柱。无论什么时候，他都能为孩子们提出一套理论、方法、概念、体系和出路来。孩子们可以在这套底层逻辑和方法论中，种出自己的花儿来，从而青出于蓝而胜于蓝。

三苏的心是一脉的。比如对于《诗经》的看法，苏洵认为，圣人要制作礼乐，顺应人之常情，不违背人情，然后以此来调节、引导人的行为，而不是强人所难，压抑人情的自然状态。《诗经》的作用是在于调适、宣泄人情。

在他的影响下，苏辙认为，《诗经》是匹夫村妇悲伤、欢喜时创作的作品，而不是统治阶级统治人民所需要的东西。

东坡也有情本论，认为，活得真实最重要。他对儒家原典的诠释更多的是从心、性、情出发，并参照佛禅、道家之心性之学，左右择取，最终融合为一种新型的具有独创性的心性哲学。他从来不轻易谈性善性恶，他知道，人是多么复杂的情感动物。

北宋几乎是文人最好生存和发展的时代，也让活出真心、本心、涵养身心有了非常好的土壤。

据说，北宋修养之风从景佑年间的思想家胡瑗开始的，他先注意到涵养身心，深自磨砺，其后他的弟子程颐、徐积从孟子养气持志之说出发，将修养之风推向盛行，最后成为北宋文人群体的共性。这些文人均有心，都是有心人。苏东坡是最有心的人之一。在这个智能高度发达的现代，我们的心，却很难找到真正的寄托之地。所以，东坡于我们而言，很重要。

苏东坡写过，"古之君子，不择居而安，安则乐，乐则喜从事，使人而皆喜从事，则天下何足治欤。"（《凤鸣驿记》）做自己，才能真正爱自己，真心真情，诚实不扭曲，才能让时代也变好。

有了这样一个普通人父亲，一个坚持自己的人，最终也得到了张方平等人的帮助和举荐，他也指引了父子三人的进京"创业立名"之路。他们都是靠真心真才真气冲出来的人生。

另外，要补充一点的是，苏洵也经历过儿夭折、女早逝等人生无常。我总觉得，古人的内心更宽阔一点，内心都很强大，也都明白，一个普通人，在生死之间，终将留下遗憾。真实的人生和生活就是如此。在这方面，无论是世俗上标准格式的好父亲，还是心灵派崇尚的真心真性情的有人格魅力的人，苏洵都是一个不错的借鉴。

程氏

这里再写写东坡的母亲程氏。

苏东坡的母亲是大理寺丞程文应的女儿。18岁嫁给了19岁的苏洵。从社会地位上来讲，算是下嫁，但她自己丝毫没有这样的感觉。

对于那个"老而性严"，家里人脚步重了都会生气的祖母，她居然能得到其欢心。苏洵"少年不学，二十五岁始知读书"，她虽然很担忧，但从没有向他表达过。

27岁的时候，苏洵突然问她，为什么从来不提这档子事儿。程氏答道："我欲言之久矣，恶使子为因我而学者。子苟有志，以生累我可也。"

意思是，我很早就想说了，但知道读书必须自觉立志，勉强答应为别人而学，是不能长久的。

这真是一个充满智慧的女人。什么是充满智慧？就是她能耐得住岁月的洗礼，忍得住解决不了的困惑。这有时候比解决问题更具挑战。

等到苏洵两次考科举都没结果之后，他放弃了。他需要治愈下自己的内心，所以考完第二次之后，他打算南游一番，就这么不管妻子孩子了。

在这样的情况下，那段日子，所有教育儿子的重担都落到程氏身上。她也顶得住。她不仅让孩子们读书识字，而且让他们学习书中人的精神。

她心地仁慈，特别讨厌杀生，孩子们和家仆们都不能捕取鸟雀，所以几年之后，鸟雀在低的树枝上都能看到，就连非常难得一见的桐花凤都聚集在苏家。

能改变家庭气氛和风水，只有一个女人的天赋和智慧才能形成的成果。

她不仅关心孩子们的学习，还让他们接受大自然的熏陶，所以苏轼苏辙兄弟两人年少时的爱好都非常广泛。苏轼自己种松树，跟表弟们漫山遍野乱跑，寻找梨、栗、橘、柚，还骑在牛背上读书。他还喜欢各种找寻、各种挖掘，有一次居然还挖到一块天石砚……

这里讲最重要的一点，程氏是个爱讲故事、会讲故事的人。

一个爱讲故事、会讲故事的母亲，对一个孩子的一生是很有帮助的。

程氏出身书香门第，从小也读经读史。她有一个厉害的本领就是，以他们老家眉山为中心的周边的山水人物、神怪志说她都给东坡兄弟讲过。

历史上总提起，她跟两兄弟讲范滂的故事。领读《后汉书》时，书上有篇范滂传，里面说，后汉建宁年间，坏人当道，老百姓苦不堪言，一群读书人联合起来向皇帝上书，要求惩办坏人。可是最后的结果是读书人们被抓的抓，杀的杀。范滂去县衙投案，县令都替他着急，说："天下那么大，你为什么要等死？我陪你逃吧。"可见范滂的品行深得人心。

但范滂说："千万不可以，为了我的事怎么还能连累你们，也不能让我的老母亲受流离之苦。"范母来诀别说："你堂堂正正做人，死也无憾了。""你的为人我知道，我让你做恶事你都不会去做的。你放心去吧。"浩然正气，感动路人。

小东坡听完这个故事，说他想做范滂。程氏说，你要是能做范滂，难道我就不能做范母么！

程氏还跟他讲青城山和范长生墓。范长生博学多知，是成汉（十六国政权之一）丞相，成汉皇帝李雄本是草莽中人，不识经史、典故，皆由范长生一一为之创设政事、府例。

程氏说，"范长生在青城山时，曾助广汉周处破疑案多起。"小东坡就问周处是谁，程氏会简述阳羡周处射虎、斩蛟和折节读书的故事。

从这里可以看出，有个耐心地给孩子讲故事、解答问题的母亲，对孩子成长多么重要。这是非常好的亲子时光。我们中年人都要学习。耐心地讲好每个故事，注重故事细节，通过精心安排的细节给予孩子启发。

人类讲了几万年的故事，故事的源头，在母亲那儿。整个民族的叙述力的源头，也在母亲那里。那里是艺术、想象力的源头。因为故事，所有的未来，都有迹可循。

有个特别会讲故事的母亲，儿子回忆起来，自然也都是她的故事，故事让感情更生动，让道理有妥帖的安放之地。

我们来看看东坡的几片回忆之作：

《记先夫人不残鸟雀》：

吾昔少年时，所居书堂前，有竹柏杂花，丛生满庭，众鸟巢其上。武阳君恶杀生，儿童婢仆，皆不得捕取鸟雀。数年间，皆巢于低枝，其𪃟可俯而窥也。又有桐花凤四五百，翔集其间，此鸟羽毛，至为珍异难见，而能驯扰，殊不畏人。闾里间见之，以为异事。此无他，不忮之诚，信于异类也。有野老言："鸟巢去人太远，则其子有蛇、鼠、狐狸、鸱鸢之忧，人既不杀，则自近人者欲免此患。"由是观之，异时鸟雀巢不敢近人者，以人为甚于蛇鼠之类也。"苛政猛于虎"，信哉！

　　不杀鸟雀，那么（鸟就）自愿接近人。用这些故事来谈治理，真的是信手拈来的好类比。母亲永远是启示。

　　还有一篇是《记先夫人不发宿藏》：

　　先夫人僦居于纱縠行。一日，二婢子熨帛，足陷地。视之，深数尺，有一瓮，覆以乌木板。夫人命以土塞之，瓮中有物，如人咳声，凡一年而已。人以为有宿藏物，欲出也。夫人之侄之问闻之，欲发焉，会吾迁居，之问遂僦此宅，掘丈余，不见瓮所在。其后吾官于岐下，所居古柳下，雪，方尺不积雪，晴，地坟起数寸。吾疑是古人藏丹药处，欲发之。亡妻崇德君曰："使先姑在必不发也。"吾愧而止。

　　家中有处泥地陷下去了，地下有个罐子，盖着一块乌木板。乌木乃名贵木材，那罐子里多半有宝。婢女动手要挖，被程氏喝止，并命人将那罐子重新埋好，更不准小东坡来挖。苏轼在凤翔任签判时，遇上了同样的事，王弗只一句"使先姑在，必不发也"，便让苏轼惭愧不止。凡非分之财，一分一文也不能妄取。这让东坡记了一辈子。

　　总之，这个母亲的形象是有点高大的。现在那么冲动、莽撞、焦虑的育儿环境，忘记修炼自己，恐怕才是母亲们的最大局限。

欧阳修

先讲个故事：

　　苏东坡在三十多岁的时候遇到了一个坎，让他体会了一把官场险恶。王安石的亲家谢景温诬告他在守父丧返回家乡时，曾贩卖私盐获取暴利。这件事虽然没有证据，不了了之，但在苏东坡心里留了一道不深不浅的痕，令他难受。于是，他做了个决定，主动要求外放。

在改革面前，总有激进派和反对派，当然还有一些人是第三方。苏东坡在王安石变法时，其实不算是个反对派，他还是赞同改革的，只是觉得不能改得那么快（"求治太速"）。

宋神宗和王安石也看到苏东坡和其他反对派不一样，就同意了外放。

那年，他36岁，准备去杭州。去杭州的路上，他路过颍州，拜访了告老还乡的老师欧阳修。

欧阳修，又一个神人和奇人。一个坚持自我善良品质的人，还能在险恶环境里混得好，大概都是上天的稀缺作品。

人生总是有某种预言的。该相见的人总是会相见，并且还有缘开启一段"经典关系"。

所谓"经典关系"，大概就是讲起故事来的时候，无论放在哪个年代总是让人眼睛发光、内心如流水潺潺，感觉被持续滋润了。

据说苏东坡幼年时，其父苏洵觉得欧阳修的《谢宣召赴学士仍谢对衣并马表》写得好，便让他拟作。东坡写完之后，苏洵那是相当满意，得意之际，就做了个预言，说他儿子以后定会有机会给皇上谢表。

后来，给了苏东坡这个机会的、把他从科举中选出来的、一直提携他的正是欧阳修。

育儿之道，果真还是要培养孩子首先照着人格楷模去学习、去模仿，即使学不会那么多，若是日积月累，也能在人生中留下点什么印记和效应。这一点，苏洵先生做得特别好，我们后人要向他学习。为什么欧阳修会对苏东坡情有独钟呢？因为当时的欧阳修很想做到一件事。当人非常想做一件事的时候，那个阶段出现的气质、需求相符的人与事，都会为他所用，那就是整个气场的组成。

欧阳修想做的事情是什么呢？借那次主持贡举的机会废黜时文——"太学体"，进行文风改革，提倡"文与道俱"，要坚持现实主义创作方向，而东坡就是他选中的诗文改革运动的传承人。一篇《刑赏忠厚之至论》使东坡成功地吸引了两位主考官的注意。

苏东坡写的文章，欧阳修都不知道用的是什么典故，其实那不是典故而是他自己新编的东西，这让欧阳修觉得他有创新和疑古的精神。

欧阳修曾说："读轼书，不觉汗出，快哉快哉！老夫当避路，放他出一头地也！"（《邵氏闻见后录》）

当你做一些公共性、社会性的事情的时候，实际上就是为后面的人世间在选人，那些人都因理念、信仰、价值观相同而聚在一起。所以当发生什么不测、要有什么无常或者接受审判和惩罚的时候，这些人之间也可以相互扶持、做一些演习性的反思与准备。

其实人生就是一条条流水线，大致的模式还是相通的。所谓悲欢并不相通，那只是大家不是一类人。欧阳修对苏东坡的作用，大概就是让他心里稳了很多，类似一块人生夜航船里的压舱石。比如对于被贬，他也是有心理准备的。因为他看到了老师欧阳修的一生，尽管他提携过那么多的人，曾巩、王安石，等等，但依然因为政见不合，有长达十年的被贬生涯，辗转滁州、扬州、颍州、南京等地。

人生浮沉，其实早有预料。从欧阳修在景祐三年（1036年）被贬夷陵开始，苏东坡就已经默认了这条因不改刚直的品操而饱受政治磨难的路径。

而欧阳修在逆境时所表现的开阔，对于人生极具悟性的苏东坡而言，也有精神指引，最后他甚至"青出于蓝而胜于蓝"。

人生面对挫折是必然的，谁能在低谷的时候做到"疾雷破柱，都不惊不惧"，那就修炼得差不多了。"演习式思考"，这个概念提得真好。我们总是觉得，天降甘露或者天降灾祸，都是忽然之间的，其实不是的。那些危机早就在我们的生活中演变，从量变到质变，大部分的"无常"，是人们欠缺思考、注目和经营的结果。而只有一小部分真正的"无常"，因别人的错误而导致的自我的损失甚至消亡，那就是生命力太小了，命运多舛，也无可奈何。

欧阳修和苏东坡，尽管有16年的相处，记录完整的见面也就4次，而他们之间却如此心意相通，最后从座主和门生的关系中超越出来，成了人生知己。

有篇文章讲，苏轼与忘年交文同，只见过两次，却可能是最懂彼此的人，对坐两寂寞都饶有趣味。其实，古人之间，见的都挺少，但每次见面质量都很高。所以，人生有时候不用在乎地久天长，但前提是心意相通。

欧阳修的特点就是特别爱才，愿意提携后辈，鼓励后生，觉得后生可畏。鼓励的作用其实是巨大的，特别是有名有才的人的鼓励，这会让那些有丰沛才情和创新思维的人更加挥洒自如。

欧阳修的奖掖贤才、爱人以德的高贵品质，也同样在苏东坡身上传承了下去。苏东坡与秦观的关系，也是亦师亦友亦知己。

欧阳修认为，苏轼是世间几百年不常见的异人，有生之年得以碰到，就是人生之幸事。谁说文人相轻，那似乎都是人们喜闻乐见的"酸溜溜"的八卦事儿，其实，也只有真的文人之间才有内心的灵魂相伴。

我们一直都记得中学课本里时常背诵的冯友兰的文章里，提到的人生境界有四重——自然境界、功利境界、道德境界和天地境界。真正的文人在宋朝被尊崇、被奖励、被保护，偶然间也诞生了彼此之间的"道德境界"甚至"天地境界"，所谓正其义而不谋其利。

苏洵生病，欧阳修问候了三次，又给他写墓志铭，曰"亦既有闻，而又有子"。还是在夸东坡。

东坡来到颍州时，欧阳修令这个得意弟子吟咏一块石质屏风，里面写道：

何人遗公石屏风，上有水墨希微踪。不画长林与巨植，独画峨眉山西雪岭上万岁不老之孤松。崖崩涧绝可望不可到，孤烟落日相溟濛。含风偃蹇得真态，刻画始信天有工。我恐毕宏韦偃死葬虢山下，骨可朽烂心难穷。神机巧思无所发，化为烟霏沦微石中。古来画师非俗士,摹写物像略与诗人同。愿公作诗慰不遇,无使二子含愤泣幽宫。

就是为了让他始终记住,自己写东西是为了什么。

东坡兄弟后来和欧阳修一起在杭州,赏风景、命题赋诗、探讨美学等,依然是这种学术、心术上的探讨,让他们彼此之间的距离很近,因为他们一直坚持"以文为诗""以议论为诗",而不是"以才学为诗"。所谓"以才学为诗",大概怕是读过很多文集、知道很多典故和考据。

其实,最真实的心声当化作文字,"唯当养其根,自然烨其华",关心百事,自抒胸臆,本是记录者应该走的路。

东坡能成名能做事,离不开欧阳修的提携。欧阳修被苏轼称为人格的楷模,东坡对欧阳修又有何贡献呢?

每个人都有自己的遗产,有自己对于后世(不仅限于子孙)的那些可以为社会传承的东西。苏轼就做了很多这样的推广工作,这种精神推广,是极其重要的中华文化传承的力量,它有序有踪。

东坡在欧阳修的儿子欧阳棐那里得到了欧阳修的诗文作品共七百六十篇,整理成文集并写作序言。什么东西都是易逝去的、成本高的、依凭的条件约束性很强的,只有白纸黑字的有序文本传播,效率最高。

东坡对欧阳修敬爱至极。他由衷赞美:"论大道似韩愈,论事似陆贽,记事似司马迁,诗赋似李白。"(《六一居士集叙》)。欧阳修被他称为"事业三朝之望,文章百世之师"。

那欧阳修又是怎么做到这么大度的?他的启发者又是谁呢?欧阳修小时候的家境并不好,家里没有什么藏书,只能读别人家里的旧书,但正是因为那本旧书,在他心里种下了一棵大树。那本他奉为圣经的书,叫《昌黎先生文集》。

对,影响欧阳修的人是韩愈,而给了欧阳修机会的人是谁呢?钱惟演。这是一个权臣，但他有一个珍贵的品质，他本人是西昆体的支持者，但在他身边也聚集了反西昆体的诗文革新人士。宽容是文化发展的重要条件。

人生的所谓机遇，其实就是特定的那一两个人给予的，这种人与人之间的关系，是天赐良机，也是社会需要的创新通脱的条件。

内外洞彻，初终若一。相似的人不会走远。

欧阳修批评青苗法，熙宁三年被贬为检校太保宣徽南院等职，他不想接受，最后到了蔡州（汝南县）。他写了《六一居士传》表达了归隐之心。第二年，熙宁四年，他以观文殿学士、太子少师等头衔告老还颍。又一年，熙宁五年，欧阳修逝世。

人生，其实很玄幻。归隐，是孤寂落寞的。人要在俗世里怀有归隐之心，多么艰难啊。

文辞如万斛之源的苏东坡，对欧阳修的离世泣不成声，不知道该如何落笔。其实生命和生命之间真的是可以传承的，从韩愈到欧阳修到苏东坡，他们之间以神相交，真正以智慧相连接，他们之间跨越了时间和空间，形成了真正的相互包容。

现代的哲人克里希那穆提说：教育的真正意义，是培养你的智慧，借着它找出所有问题的答案。你知道智慧是什么吗？它是一种无限的包容力，允许你自由地思想，没有恐惧，没有公式，然后你才能发现什么是真实的、正确的事物。

最终，人都要面对自己特定版本的人生，面对各种各样的浮沉。人生的路径，都是要靠自己坚持，靠自己看清得失，最重要的还有，看着同类人的人生版本，只要去演习，去预习，去反思，去支撑，去饱满，去接受因果，由此，才能看得开一些。

苏辙

看了东坡的弟弟苏辙写的《榆》，内心深处被感动到了，于是这一篇讲讲苏东坡与他弟弟的故事吧。

《榆》为什么让人感动，因为它让我泛起了生命记忆。我记得小时候特别喜欢榆树。十二三岁的时候我内心里就开始不自觉地长了一个孤独、自由、宁静的灵魂。在红彤彤的落日底下，我一个人捡着暮春里飘落下来的榆荚，仿佛是捡起来了诗意和创意的种子，这让人永生难忘。

从那时候起到现在我算是写了二十年了，写报告、论文、诗歌、散文、小说、广告，什么都尝试什么都敢写，虽然没写出什么名堂来，但这显然是我的生存和生活方式了。

我的生命底色再苍凉、寂寞，现实里再有什么动荡和打击，我都始终还有一个稳定的自我认知，永远可以回到那个场景里，获得生命力。

苏辙是这样写的，"凛然造物意，岂复私一木。置身有得地，不问直与曲。青松未必贵，枯榆还自足。"

这首诗是东坡遭遇乌台诗案，在御史台狱中经历磨难，有了人生中最强烈的对于死亡的恐惧时，他的亲弟弟为了抚慰他的心灵而写作的诗歌。

东坡被捕之后，苏辙马上上书说愿意代兄坐牢。他相信东坡是无罪的，便一直为他鸣不平，又不断用书信诗歌鼓励劝慰他哥哥。东坡在狱中最想与之交流的也是弟弟苏辙，就怕与他就此诀别。他还留诗（类似遗言）交给了狱卒。他们两兄弟第一次有了生离死别之感。

解析一下《榆》，其含义是："秋风吹过，万物凋零，所谓贵贱荣辱就是地势造成的。这只是大自然的规律。青松虽然在秋冬依然翠绿，并不是因为它本身有多高贵，而枯榆在凛冽的秋风中依然可以自足，等待来年。"

身处困境的时候，不要对未来灰心，不要自暴自弃，在逆境里怎么也能活下去，甚至活出尊严，我们要处贱不辱。

苏辙不仅写了《榆》，还写了《槐》——"草木何足道，盈虚视新月。微阳起泉下，生意未应绝。"好一句"生意未应绝"，事情没有想象中那么好，但肯定也没那么坏。东坡后来果然在多方迎救下出了狱，但被贬为黄州团练副使。

那一年，东坡42岁，苏辙40岁。中年人的人生，是莫测的，若有一人相互扶持，始终相依相伴，心靠得很近，该多好啊。

东坡真幸运，在他64年7个月的人生中，弟弟苏辙陪伴了他33年2个月。一半以上的生命有这个弟弟陪着。如果说现代人生二胎有什么好处的话，大概就是，若是像苏氏兄弟这样做到极致，真是人生之大幸。

他们的相伴真的是长长久久，即便是东坡的人生伴侣（妻妾）王弗、王闰之、王朝云都没有这么长的。王朝云，也只有22年。

人生的实质和内容，大概就是这样的形态。大部分人对于身边的人，其实就是一个想得起来的"符号"，然后涂上一层所谓"人生意义"，其实很容易就褪色。

苏轼与苏辙，相差两岁（分别1037年和1039年生人）。他们有好父亲，也有一个好母亲，都辅导他们读书，而且由于家境优渥，父母供得起兄弟俩的理想和追求。

苏辙曾回忆，"辙幼从子瞻读书，未尝一日相舍"。兄弟俩一起度过了天真烂漫的少年时代，也有了一起成就功名的美好时刻，成家之后刚开始的生活也是无忧无虑的，他们就这样彼此相伴20年7个月。这个20年是少年时代、青春期，看起来真是不错。人生的底打得好，怎么都够了。

他们第一次分离，是嘉佑六年（1061年）辛丑，东坡去了凤翔府（位于今陕西）任判官，苏辙留在汴京侍奉父亲苏洵。他们从这一次开始就约定以后要早退、要隐居，"同归林下，对床夜雨"，并且时常在往后的诗文中说起这件事。两个人之间有某种约定，是件很奇妙的事情，它可以在岁月里打捞起不少月光般的东西。

一别三年，他们才重新相聚。后来一起经历了父亲去世的悲痛。随后，因为两人公事都繁忙，无法经常相处。五年后又分开了。东坡去杭州外派的时候，苏辙去颍州相送，随后的七年间（1071—1077）始终分隔两地。在这个第二个20年中，他们的官场生涯没有太多波折，只是兄弟俩聚少离多。算一算，加起来有8年左右时间是团聚的。中年人生的初局通常还没有太多波澜，越往后走，挑战越大。

乌台诗案发生后，他们之间剩下的另外的22年大致可以分为两个阶段。1080年，苏东坡被贬黄州（今黄冈），路过陈州（今淮阳县）的时候，苏辙特意从南京赶来与哥哥相聚三日。后来他还送东坡家小来到黄州。东坡特地跑了20里地来迎接，接着又是四年没见。

人到深度中年总是漂泊，身不由己，苏氏兄弟经历了各种生死攸关、步步为营、变幻莫测的官场环境，但始终相互携手，沉稳前行，共进退、同患难。这14年1个月中，他们相处时间是4年6个月。

到了晚年，兄弟俩更是被一贬再贬，聚少离多，在近8年时间里，最多只在一起1个多月。

据统计，东坡涉及兄弟之情的242首诗歌创作中，只有49首诗创作于相聚时，193首都是分离状态。可见，分离和思念总是诗歌最好的温床。他们两个总是有说不完的话，道不完的思念和内心的孤寂。

苏辙的《怀渑池寄子瞻兄》，抒发了思念和孤寂。东坡则回应了《和子由渑池怀旧》，成为千古经典——"人生到处知何似，应似飞鸿踏雪泥。泥上偶然留指抓，鸿飞那复计东西。老僧已死成新塔，坏壁无由见旧题。往日崎岖还记否，路长人困蹇驴嘶。"

中年人可能要面对各种离别。人生也就是这几件难事——生老病死断舍离。很多时候，这个问题是无解的，别离自己的朋友、亲人，离开熟悉的地方、告别自己熟悉的、习惯的生活方式，而且还不知道别离会再发生多少次，要漂泊多久。对于这对"难兄难弟"而言，更是这样。

由于他们感情太好，别离次数又过多，就为后世提供了很多面对失落和别离的方法。东坡曾写"吾生如寄耳，何者为吾庐"，理解并接受了"人生如寄"。苏辙写了学术著作《古史》，他认为，百年人生不过俯仰之间，在历史中，风雨和困难都是一瞬间，过好自己的生活只能求诸于己。在他二次被贬时，写过"孤舟适远身如寄，二顷躬耕道自肥"。因为人生如寄，本质上都是无依无靠的，最终还是要靠自己把自己活好。懂得了这个道理，修炼好了自己，也就光明得道了。

东坡帮苏辙的女儿一个个都安排嫁到合适的好人家，也总是为他担心这个担心那个。但更多时候，他也不是全能的。在精神上，谁都是孤独的。虽然在人生中，可能会有很好的父母、兄弟、朋友、贵人相助，但人最终是自己孤独地走完这一生的，只能闭着眼睛勇敢闯荡。在这个过程中，不可替代的精神对话者，是稀有的、最珍贵的。

东坡把弟弟当成知己——"嗟予寡兄弟，四海一子由。""此外知心更谁是，梦魂相觅苦参差。""吾从天下士，莫如与子欢。""我少知子由，天资和而清……岂独为吾弟，要是贤友生。"苏辙是他的弟弟，更是朋友，是知己，是命运共同体。

人生在漫长的历史与岁月中，真是不足道啊。哪里才是你的家？命运才是你的家。另外，苏氏兄弟告诉我们，只有思想与生活紧密联系，才能走出困境。精神越是强大，它的外延就越小。自己拥有的乐观是解救的药丸，人生之幸可能在于，总有人可以相互监督鞭答，做同一类型的事情，感同身受。

苏辙的才华其实并不比东坡差。少时，他就比东坡沉稳圆滑些，但也容易因为刚直，坚持自己而得罪人，他第一次入仕就遇到挫折，官职化为乌有。但他很快想明白了，专心在京城隐居做学术研究，著书立说。这让东坡很是钦佩。

我们现在最熟悉的是古人的诗词，其实古人看中的是自己的学术研究、解决政事的能力，诗词歌赋并不是文人的主业，只是调剂品。东坡是到24岁才写诗，37岁才填词的。从这种意义上说，真正读得懂词的都是有故事的中年人。

苏辙更不愿意为了写诗而写诗，而他留下的词也只有4首。东坡离世之后，苏辙隐居在颍水边，用心与自己的妻子孩子相处。他在东坡的光芒之下，心态从来是稳定的，一个人有了研究精神和真正的审美情趣之后，是可以自足的。

苏辙从小体弱多病，所以比东坡更关注修身养性，在他的生命排序中，"修身、齐家、治国、平天下"，可能修身是最优先的。

东坡很佩服弟弟的研究精神，他在黄州时，曾说"闲废无心，专治经书"。他读了《论语》《书》《易》，弟弟则同时读了《春秋》《诗》。

东坡总是从弟弟的诗文和信为基础,再做些延伸和拔高。这么看来,问题的发现者更具有原创性,是弟弟给了东坡新的启发。他们从小志趣相同,苏辙特别了解东坡的抱负,要实现"当世志",想成为全才。比如东坡在1064年,27岁的时候西夏军攻边境时,他还想去参军带兵。

他们有共同的工作和生活追求,所以总是有说不完的话题,思念、惯性(文学交往和学术探讨)、情绪琐事,等等,都可以聊成经典。他们在被贬的时候,都有共同的救赎之道,就是相信道术和禅学。这样,他们可以在做事的抱负和归隐的乐趣之间自由切换。苏氏兄弟于是成为文化范型。

他们的"乐观"矿藏丰富,可以随时挖掘出来用。比如,对于东坡而言,买不起羊肉可以好好研发猪肉,于是给后世留了"东坡肉"。不戚戚于贫贱,不汲汲于富贵。世路无穷,劳生有限。他让人明白,用你最好的能力去对付你最差的际遇,用你最好的一面挡现实的子弹,这就是自救。

怎么活得好呢?怎么养自己的气质呢?靠社会实践、游历、向名师请教、跟贤人交往。苏辙说的,心安就气安。

东坡则提出了一个更美丽的概念,叫"身与竹化"。

这个词源自于他的《书晁补之所藏与可画竹》:"与可画竹时,见竹不见人。岂独不见人,嗒然遗其身。其身与竹化,无穷出清新。庄周世无有,谁知此凝神。"

什么意思呢?欲画墨竹,需先胸有成竹,身与竹化,才能画出竹子的神韵,将自己所见化为优美的艺术形象。

所谓审美是不带任何欲求的,带了就有烦恼和悲苦。苏辙晚年经常入定,他获得了那种进入虚静接近无限的生命感受。

身与竹化,与大自然融为一体,世界万物皆在我胸中。这样,才能不被困境、坏事、痛苦萦绕吧。

王朝云

这篇,我们来谈谈苏东坡的爱情吧。他的爱情都藏在指名道姓的诗词里,表达情感很浓烈很直接:是我的女人,我都爱得普遍且深刻,而且是越来越爱。

对爱情,他就是这么普通又这么自信。

爱情啊,爱情,这种相互奔赴的精神需求和引力,始终还是人间最美的事之一。可是,它的特征是短暂、易逝,所以要不断去升华、去提升,要刻意捕捉把意义固定起来,不然就四处飘散,像酒精蒸发,像香烟缭绕终究散尽。

这篇的主角是苏东坡和王朝云。

在东坡的两任妻子和多个妻妾中,最能进入他精神世界的便是王朝云,也让他们的爱情有了诗词歌赋的精致外衣和内核。

东坡和朝云相差27岁。朝云12岁来到苏家,15岁成为东坡的妾。她符合一个中年男人对于女人的所有想象——既美且慧还有才,能歌善舞,还能读心。

他们两个的日常相处有几个场景很经典。

一个是朝云唱东坡写的词。这就超越了夫妻相处的普遍模式,增添了艺术性和创作的连绵性。

东坡被贬到岭南,朝云主动要求陪丈夫远行千里。她唱词给他解闷。唱的最多的是她喜欢的《蝶恋花·春景》——

花褪残红青杏小,燕子飞时,绿水人家绕。枝上柳绵吹又少,天涯何处无芳草。墙里秋千墙外道,墙外行人,墙里佳人笑。笑渐不闻声渐消,多情却被无情恼。

每每唱到"枝上柳绵吹又少,天涯何处无芳草"就开始热泪盈眶。

还有一个经常被提起的经典场景是，东坡有一次吃饱了摸着肚子在散步，问周围人他肚子里是什么，讨好的人肯定会说是满腹才华，普通人会说还能是什么呢，不过就是吃多了，而知己朝云会说，那是满腹的不合时宜。

人要在另一个人心里有独树一帜的印象，那必须用心良苦地驻扎到研究人心的基地里去。在意义的拔高、境界寻找这件事上，对于某些人而言是偏执的，甚至是个活得好的刚性精神需求，这个领域的创新其实也很重要。有时候，你是怎样与众不同的人，就看你的这个能力。

两个人彼此懂，就能不费力气地彼此启发。东坡将朝云的所有令他感动、怀念的东西都转变成了文化符号、灵感记号。比如，朝云擅长弹琵琶，黄庭坚都写过她的好——"尽是向来行乐事，每见琵琶忆朝云"。东坡一生做过五首琵琶词，每首都可以找到朝云的影子，比如，"琵琶绝艺，年纪都来十一二，拨弄幺弦，未解将心指下传。"

王弗、王闰之，都是传统的大夫人、大娘子，追求贤惠、高贵、平起平坐，但人有时候偶尔需要阶梯性的视角，来促发各种心的感觉，有人对自己极度仰视和俯视，都能产生更大的心灵冲击感。

可惜，朝云34岁就走了。从此东坡再也不听《蝶恋花》，也再不娶妻妾。过了两年，他也走了。人不能太孤单了，孤单是没有生气和生机的。

他写了那首《西江月·梅花》，怀念他的朝云——

玉骨那愁瘴雾，冰姿自有仙风。海仙时遣探芳丛，倒挂绿毛幺凤。素面反嫌粉涴，洗妆不褪唇红。高情已逐晓云空，不与梨花同梦。

东坡最爱梅花，梅花经常出现在东坡的词中，用梅花来形容朝云的侠义、高洁、真纯，再合适不过。其实梅花这个意象也是连续的。

乌台诗案之后，在被贬黄州的路上，他就写了《梅花二首》——

春来空谷水潺潺，的皪梅花草棘间。一夜东风吹石裂，半随飞雪渡关山。何人把酒慰深幽，开自无聊落更愁。幸有清溪三百曲，不辞相送到黄州。

刚从监狱出来，与春风岭的梅花相遇，它们无人欣赏、无人惋惜，空空地飘落其美色，无人树下饮酒相伴。对于东坡来说，这孤寂自落的梅花却像知己一样，一路相送到黄州。

天下最好的事情，大概是有知己，如果没有人当知己，也可以把物当知己。

苏东坡的诗词里总是舍不得大家陪着他悲伤情绪泛滥，总是要竭力收回来，无论如何要传递出向好的东西。所以，即便寂寞和孤独又如何，总有人会看到你，总有物会陪着你启发你，天地间都是生机。

也是在黄州，东坡有了"东坡"这块地儿，找到了内心里的那个如陶渊明般的自己。朝云也在那里正式成了他的妾。

梅花送他到了黄州，他得了一个像梅花一样的爱人。

苏东坡人生中最重要的三个爱人，王弗、王闰之、王朝云。嫁得才人胜帝王。三个女人都在他前面死去，对于每个人生前死后他都写过不少诗词，写得最多的便是王朝云。

他给王弗写过《亡妻王氏墓志铭》《江城子·乙卯正月二十日夜记梦》（那句经典"十年生死两茫茫，不思量、自难忘"的出处）。这是陪伴他整个年轻时代的妻子，共11年，育有1子。

王闰之，王弗的堂妹，人称"二十七娘"，陪伴苏东坡的中年期，共24年，育有2子。东坡在她死后，写过《祭亡妻同安郡君文》。

而对于王朝云，苏东坡直接以朝云为题，写过太多了——《朝云诗并引》《殢人娇·赠朝云》《朝云墓志铭》《悼朝云诗并引》《王氏生日致语口号》，这种指名道姓地公开示爱，表明了一个中老年人的倔强和自信。

《朝云诗并引》里他感谢朝云不远千里，在瘴气很重的惠州的伴随之情——

不似杨枝别乐天，恰如通德伴伶玄。阿奴络秀不同老，天女维摩总解禅。经卷药炉新活计，舞衫歌扇旧因缘。丹成逐我三山去，不作巫阳云雨仙。

他这个不太爱用典故的人，在这诗里用了最庞杂的典故。有时候做自己不太愿意做的事情，是表示慎重，小心翼翼。洒脱自如、灵感自来的东西，有时候反而显得不特别，显得用心不用情。

"不似杨枝别乐天"——白居易的小妾樊素，以唱《杨枝》而著名，晚年白居易辞去家中歌伎，只有樊素愿意留下，但没有坚持到底，最后还是走了。

"恰如通德伴伶玄"——《赵飞燕外传》的作者伶元，就是听他的妾樊通德讲的故事，才写下来这部传记。这种共同进行内容创作的生活，似乎相互陪伴更长久些。

"阿奴络秀不同老"——晋代的络秀是晋朝大臣、名士周𫖮的母亲，安东将军周浚在出猎遇雨的时候遇到的，后纳为妾，生下来三个儿子，𫖮、嵩、谟（阿奴），都很富贵。但只有最小的儿子阿奴，陪着这个母亲。

"天女维摩总解禅"——东坡总是喜欢把朝云比作仙女，在好多诗里都这样写了。东坡和朝云都信佛，有共同信仰，可能也更容易长久。

1095年，朝云生日前，东坡写了《殢人娇·赠朝云》——

白发苍颜，正是维摩境界。空方丈、散花何碍。朱唇箸点，更髻鬟生彩。这些个，千生万生只在。好事心肠，著人情态。闲窗下、敛云凝黛。明朝端午，待学纫兰为佩。寻一首好诗，要书裙带。

第二天是端午节，又给她写了《浣溪沙·端午》——

轻汗微微透碧纨，明朝端午浴芳兰。流香涨腻满晴川。 彩线轻缠红玉臂，小符斜挂绿云鬟。佳人相见一千年。

大意都是为了祝愿朝云青春常驻。接二连三地给朝云写诗，心里眼里全是这个宝贝儿。

朝云跟东坡在一起的时候,没有享受过一天显时的风光,都是在微时,在困境中相濡以沫,这让东坡有愧意。所以,他总是赞美她、感恩她。

1096年,朝云生日时,东坡特地请来熟客庆贺,并亲自做《王氏生日致语口号》——

人中五日,知织女之暂来;海上三年,喜花枝之未老。事协紫衔之梦,欢倾白发之儿。好人相逢,一杯径醉。伏以某人女郎,苍梧仙裔,南海贡馀。怜谢端之早孤,潜炊相助;叹张镐之没兴,遇酒辄欢。采杨梅而朝飞,擘青莲而暮返。长新玉女之年貌,未厌金膏之扫除。万里乘桴,已慕仲尼而航海;五丝绣凤,将从老子以俱仙。东坡居士,樽俎千峰,笙簧万籁。聊设三山之汤饼,共倾九酝之仙醪。寻香而来,茸天风之引步;此兴不浅,炯江月之升楼。
罗浮山下已三春,松笋穿阶昼掩门。太白犹逃水仙洞,紫箫来问玉华君。
天容水色聊同夜,发泽肤光自鉴人。万户春风为子寿,坐看沧海起扬尘。

致语口号,是北宋流行的一种颂歌诗体,一般只用于皇帝、皇后、太后等这些人的生日,让著名文人写了贺寿。前面一段骈文称为致语,后面的近诗体称为口号。

东坡把朝云比作织女,称赞她来惠州三年还是美貌依旧,如仙女一般,表明跟她生活在一起无比幸福。因为朝云在生活和精神上给予他很多支持。山在、水在、尘在,岁月在,我在,她在。东坡说朝云驻颜有术,是自己忠诚的追随者,长偕情好,共炼内丹,借海上三仙山的汤饼和仙酒来祝贺。

他呼唤道,神仙们都来吧,让我们俩健康地活着,静观世事的变化吧。

天下爱意皆诗意。这让我想起了博尔赫斯的诗《永久的玫瑰》——你是上帝展示在我失明的眼睛前的音乐、天穹、宫殿、江河、天使、深沉的玫瑰,隐秘而没有穷期。在朝云死后,他又陆续写了《朝云墓志铭》《悼朝云诗并引》《西江月·梅》《和陶和胡西曹示顾贼曹》,等等。

朝云12岁来到苏家，她的字、书法等修习全是东坡教的，东坡"出差"时，据说她还能给寄去信件。东坡看这女娃儿灵气，看着她才华愈加全面，更加心生欢喜。两人之间，就有了精神交流的基础。朝云后来给东坡生了一个儿子，叫苏遁，一个"遁"字寄托了东坡内心的向往，对宦海沉浮的厌倦，对隐居安宁的向往。年近半百得子，是古代男人人生中最美的事。

他在《洗儿诗》中写道："人皆养子望聪明，我被聪明误一生。唯愿孩儿愚且鲁，无灾无难到公卿。"可是，美好的东西，总是生枝节。苏遁十个月大的时候夭折了。

"我泪犹可拭，母哭不可闻"，东坡在诗里这样写道。东坡写下的各种悼念诗歌，多少给了朝云一些精神安慰，但朝云后来也没有再生第二个孩子。

朝云一生也是个苦命女人，小时候在社会底层，青春期在苏家当侍女，后来成了妾，有了孩子也保不住。因为跟着东坡来惠州，还得了疫病而逝（一说是误食蛇肉呕吐不止而亡）。她咽气前读了《金刚经》——"一切有为法，如梦幻泡影。如露亦如电，应作如是观。"

人生也不是有人爱你、护你，就万事无忧了。张爱玲曾说，中国人总是感叹人生的虚无，可就到此为止，不会再深究。是啊，不必再深究，一切都是切切实实的生活带来的感受。

在她死后，东坡将她葬在惠州西湖孤山南麓栖禅寺大圣塔下的松林之中，并且建了六如亭，六如就是上文所述的如"梦、幻、泡、影、露、电"。亭上有楹联——"不合时宜，唯有朝云能识我；独谈古调，每逢暮雨倍思卿。"东坡建于惠州的白鹤居，当地人改名为朝云堂。

东坡觉得，朝云跟着他非常委屈，觉得非常愧疚，他就一直很直接地表达着爱意和尊重——他评价她，"一生辛勤，万里随从。敏而好义，事先生二十有三年，忠敬如一。"

从此，历史记住了王朝云。

有人知道了她那么真诚地爱过，没有被人背叛，一直被珍视。虽然生活艰辛，地位低下，缺少了点个性鲜明，没有独立的感觉，但她的存在成就了苏东坡。

顾城的诗里写着，"你的笑，是大海拥抱海岛的笑，是星星跳跃浪花的笑，是椰树遮掩椰果的笑。你笑着，使黑夜奔逃。"大概朝云就是为东坡而生的。

没有无缘无故的爱，爱到最后都是大胆真诚地表达心意，无条件地相互扶持。也不是有爱就可以生活得好，也不是没有爱就活不下去。人生就是个缘分，缘分也是说来就来，说走就走，生离死别的，也无法逃避。

中年人都缺爱，这种爱的需求早已不是年轻时追求的那种激情，而是有个人像个艺术品一样被收藏在内心里的感觉。这是能让人内心安定的力量，无论何时都有人不离不弃的力量。中年，人的能力、资源、欲望、压力都达到了高峰状态，但上述的这种力量，何其稀缺，大部分人的内心早已千疮百孔，一颗完整的心都没有了。

中年女人都知道，最后能依靠的只能是自己，明白要好好善待自己，自己赚钱，内心强大，不仅要经济独立，精神更要独立，爱情这件事必然导致的依赖感，会使得女人们在理性与情感的斗争永不停歇，所以，在知识、见识、抗挫折和困厄能力上得益的感情关系，才是一种自动平衡的系统。

愿你始终有人不离不弃，有人看重，有人可信，有人可伴。

秦观

所谓"苏门四学士"，即黄庭坚、秦观、晁补之、张耒四人，这个最初还是苏东坡自己提出的概念。苏轼最看重的、与他关系始终如一、长长久久、最为密切的，就是弟子秦观。苏喜欢秦的乐府词、诗、策论、书法功力，等等，都对其极口称赞，称其技道两进。总之，就是十分偏爱，百分肯定，千分欢喜。

秦观，对，就是那个写"两情若是久长时，又岂在朝朝暮暮"的秦观，秦少游。先简单讲讲他的故事，他比苏东坡小一轮，自幼聪颖过人，祖上曾是将门，但到他父亲只是小官，虽然也当过太学学生。在他14岁的时候，他父亲去世，家庭便陷入困境，无常总要折磨人的。29岁时，秦观由家乡高邮经徐州赴京应试，拜见了自己仰望许久的苏东坡，并写了一首《别子瞻》：

人生异趣各有求，系风捕影只怀忧。我独不愿万户侯，唯愿一识苏徐州。

苏东坡也写过初见秦观的诗，对他的喜爱之情溢于言表：

夜光明月非所投，逢年遇合百无忧。将军百战竟不侯，伯郎一斗得凉州。

谁谓他乡各异县，天遣君来破吾愿。一闻君语识君心，短李髯孙眼中见。江湖放浪久全真，忽然一鸣惊倒人。

前面谈到苏东坡曾在徐州治理洪灾，后来在城东门筑高楼，那个楼就是"黄楼"。秦观经过徐州的时候，还特别送上了《黄楼赋》。东坡读完，又写诗答谢，以"屈宋姿"来称赞他。

苏东坡对秦观的支持是全身心的、无以复加的，他不仅向王安石举荐秦观的诗文，还请自己的朋友们为秦观发展助力，好像永远在打call。

有一天，东坡喝醉了，又写诗又写信的，第二天起来，发现给朋友李之仪的信写得还算工整，给秦观的信则甚是杂乱。他本来打算重新写，后来一想，从杂乱的字迹里刚好可以让秦观看见他的真实醉态，让他笑一笑，多好呀。两个人的交往毫无修饰，很真实。

秦观两次没有考中，苏东坡为他各种鸣不平，觉得怎么这种"追风骐骥"竟然无人欣赏，真是太冤了。

心心相印的力量是多么强大啊。人世间最美妙的感觉莫过于如此了吧。我觉得任何感情在这个感情面前是如此不值一说啊，有"不为无益之事，何以遣有涯之生"的感觉。

秦观在感情及感情诗词方面确实是天下奇人。他的400多首作品里，1/4与爱情有关。苏东坡曾叫他"山抹微云秦学士"，就是因为秦观在绍兴遇到了一个仰慕他才情的歌伎，擦出火花而做了《满庭芳》里头写了"山抹微云"。后来又遇到一个叫巧玉的歌女，写下了《鹊桥仙》，就是"两情若是久长时，又岂在朝朝暮暮"的来源。

又比如，为了照顾母亲，秦观买了个侍妾边朝华，后来在某个七夕节纳其为妾，还作词表达了愉悦的心情。在他从国史院编修官贬为杭州通判的时候，觉得前途莫测，就让她父亲把她领回家，但她后来不顾一切地追随，表示愿意同生死、共患难。没过多久，秦观再度被贬，且处分是削秩，不仅去除官职封号，还不能带家属。朝华便磕头离去，削发为尼。

秦观及其周围的女人们都是性情中人。这世上，有些人就是因缘多、关系多。据说，秦观长得非常威猛，而不是奶油小生。

据说，秦观是"笑死"的。被召还湖南衡阳时，走到了广西藤州，游玩了华光亭，梦见自己填了一首词，第二天醒来想说给别人听，讲得口渴了，想喝水。把水取来时，看水笑起来，猝死了。

东坡听到噩耗，十分悲痛。据说两天都没吃饭。曾在一些书信中写了"然则其死则矣，哀哉痛哉，何复可言。当今文人第一流，岂可复得"等各种哀悼的言辞。

只是相隔不到一年，苏东坡自己也病逝于常州。两个人的命运之间有很多说不透的关联。

苏东坡虽然对秦观是如此赏识，但是两个人的境界是不一样的。不是什么人都能学苏东坡的。因为是苏门弟子，所以苏东坡被贬的时候，秦观也一样被贬，不过秦观始终没有学会苏东坡的豁达乐观，他的情绪是黏稠的、反复的、迷茫的。

他的老师苏东坡面对困境时，是"人生如逆旅，我亦是行人"的通透，因为知道，什么事情都是暂时的，要接受因果，要随遇而安，也要宽容包藏，要积极面对；而秦观被贬之后，写下的，无论是"雾失楼台，月迷津渡。桃源望断无寻处"，还是"别后悠悠君莫问，无限事，不言中"，都表现了从迷惘失落到绝望默然的过程。

为什么苏东坡的弟子也学不会他的精髓，尽管苏东坡是如此抬爱他？可能是因为，秦观的感情太私有了，他无法像苏东坡那样向外发出更多的影响力。

古往今来，国人的精神寄托，包括了儒释道三个路口，总有一个路口适合安放脚步和心灵，但是为什么苏东坡放得了而秦观放不了？

苏东坡靠佛道，真正体会到了人生无常，万物皆空，所以他能超然无为、达观大然，"君臣一梦，古今虚名""小舟从此逝，江海寄余生"。守儒术而不陈腐，糅佛老而不沉沦，儒释道融会贯通。

而秦观的性格是内向的，内心的感情也是内敛的，所以，他遁入了虚无颓废，无法真正理解无常。人总要在困境中做点什么的，不是光为了自己，而是为了别人，如果还能在自己克服困难的过程中影响了别人，才是一个千古不朽的人。把自己视为某种更大事物的一部分，也是自我救赎之道。

人生无常，物理学、生物学、意外、事故对我们的生活为所欲为。生命只有一次，无法回头看。只有不断向前，不能在俗世追求名利和顺境，就在逆境里实现自我的突破和转型。无论最后会获得什么，不光为了自己活着，也要用自己超量的勤奋和努力影响和感动别人。

有个周末我读完了《最好的告别：关于衰老与死亡，你必须知道的常识》，里面提到一个斯坦福大学的女教授、心理学家劳拉·卡斯滕森。1974年，她21岁，现实情况很糟糕——已经有个孩子，还在离婚程序中，只有高中学历。有一天晚上，她和朋友去看Hot Tuna的音乐会，结束后发生车祸，重伤，勉强捡回一条命，开始思考人生。她周围的病友都是老年人。父亲觉得她养病无聊，就给她报了一门大学课程《心理学导论》。从此，她重新求学，把生老病死当作研究课题。15年后，她成了研究衰老领域心理学的著名教授。当生命的脆弱性凸显出来时，人的日常生活目标和动机就会彻底改变。

我们总是要在生老病死和人生意外之中抓住点什么，狠狠地去盯着它们，日复一日地去研究点什么。在我们跟疫情相处的一年多时间里，其实我们明白了，人生的三大瘟疫，是厌倦感、孤独感和无助感。这一年中，我也统统感受过，但每每我觉得我如果还真实地、平静地活着，就会找到力量继续活下去。愿你我都道路漫长，充满冒险，充满发现。

苏迈、苏过

对于大多数人来说，人生中最深的缘分，是自己的孩子。你造出了这个存在，并且深刻影响了他/她的命运。

养育孩子，不是为了让他/她回报什么，或是以备养老之用，更不是为了光宗耀祖。很多时候，就是生命中的一个相互陪伴关系，一起研究一些新的课题，一起经历一个新的阶段。这样才是健康的、不别扭的亲子关系。

我这几年写文章，遇到某些需要形容人认知上差异和表达的问题的时候，总是会想起两篇文章——王安石的《游褒禅山记》和苏东坡的《石钟山记》。高中的语文课基本都忘光了，能想起来的就这两篇，也不知道为什么。想不通为什么的，就留个疑问当缘分吧。

他们这两篇文章有几句话，想表达的意思很类似，都在表达人的意志力、实践力、环境差异、表达力的极度不同，所造成的认知结果有巨大的差异。

《游褒禅山记》：古人之观于天地、山川、草木、虫鱼、鸟兽，往往有得，以其求思之深而无不在也。夫夷以近，则游者众；险以远，则至者少。而世之奇伟、瑰怪，非常之观，常在于险远，而人之所罕至焉，故非有志者不能至也。有志矣，不随以止也，然力不足者，亦不能至也。有志与力，而又不随以怠，至于幽暗昏惑而无物以相之，亦不能至也。然力足以至焉，于人为可讥，而在己为有悔；尽吾志也而不能至者，可以无悔矣，其孰能讥之乎？此余之所得也。

《石钟山记》：事不目见耳闻，而臆断其有无，可乎？郦元之所见闻，殆与余同，而言之不详；士大夫终不肯以小舟夜泊绝壁之下，故莫能知；而渔工水师虽知而不能言。此世所以不传也。而陋者乃以斧斤考击而求之，自以为得其实。余是以记之，盖叹郦元之简，而笑李渤之陋也。

念念不忘，必有回响。我现在开始写苏东坡系列了，写到他的儿子们。在随意翻阅资料的时候，首先遇到的还是这篇文章——《石钟山记》。这是东坡教子最好的案例说明。

怎么说呢？

苏东坡在黄州谪居5年后，朝廷一纸文件下来，让他到汝州，他们一家便选择坐船去。当时苏东坡的长子苏迈已经26岁，马上要到饶州德兴任县尉。东坡就顺道送苏迈到湖口。在黄州那段隐居的岁月，父子们经常一起从事耕读，讨论点广阔无用的问题。这其中就包括鄱阳湖畔的石钟山，它的得名由来之类的问题。

苏迈从《水经注》等古书中找出了许多说法，如"下临深潭，微风鼓浪，水石相搏，声如洪钟""得双石鱼潭上，扣而聆之，南声函胡，北音清越，止响腾，余音徐歇"，等等，苏东坡觉得这些解释都牵强，看起来，郦道元和李渤（唐诗人，《辨石钟山记》作者）都未能说清石钟山命名的原因。

苏迈想继续找典籍，东坡说不用找了，并告诉儿子，研究学问要实地考察，自己亲自去验证。

不过这事儿，一悬就是四五年，趁着这次大家的职务变动，有一段长途跋涉，过程中他们就一起游览了石钟山，随着寺中小童一起扣石探究，侧耳倾听各种奇妙声响。

山明水秀之中，人的心情自然能好起来，灵魂再有困厄，也能缓解。况且，相知的家人们还能一路相陪。对于内心强大且有寄托的人来说，知道自己的处境，更知道自己每天在做什么，就不会惧怕生命中的遭遇。

父子二人，志同道合，求真务实。苏东坡的脾性、气质完全影响了他的大儿子。苏迈经常向苏东坡的朋友们请教，比如会写信给黄庭坚。写信真的是一种带有历史情结的事情，黄庭坚的《答苏迈书》就很有名，一直流传了下来。

我印象最深的是这句——"读书光阴，亦取诸鞍乘之间耳。"意思是，阅读书籍的时间，也是从骑马乘车（出行）的时间中抽取的罢了。

人的一生不可能一直自由自在，享受充分的闲适散淡的读书时光，其实每个人在社会中交际应酬，在人堆里处理事务和关系，忙是肯定的，吸收知识真的在于珍惜每一秒属于自己的时间，碎片时间集腋成裘地阅读整本知识，而不是以碎片求碎片。

当然，苏迈自己也有诗句流传于世——"叶随流水归何处，牛带寒鸦过晚村""熟颗无风时自落，半腮迎日斗鲜红"，等等。苏迈在历史中也留名了，是非常不错的苏家孩子。陶渊明写过《责子》："天运苟如此，且进杯中物。"孩子争不争气，全看天意吗？有时候，越是名家的孩子，越难出彩，因为祖辈父辈实在太强了，甚至有时候还会均值回归，叛逆得不行，亲子关系很差。

东坡有4个儿子，除了十个月夭折的、最小的儿子苏遁之外，其他三个，后世评价其实都不错。《东坡先生本传》（《宋史》）云："轼三子：迈、迨、过，俱善为文。迈，驾部员外郎。"

我们现在再说说"小坡"苏过，苏东坡第三子。这个过儿，其实也挺有意思的。生了这个儿子，实在是苏东坡的福气。他被贬谪到黄州、惠州、儋州，都是这个儿子陪着。

苏东坡一直在诗中词中感谢王朝云不离不弃陪他到惠州受苦受难，王朝云最后也病死在了惠州。东坡以为惠州会是他人生的最后一站，在白鹤山建了新居，让儿孙们都来一起生活。

他怎么也想不到，还得去更偏远的海南。乐观如他也一时接受不了，有时候豁达不是一种一瞬间的态度，而是懂得慢慢开解自己，最后接纳自己暂时改变不了的处境，慢慢把自己变好，也等待周围环境变好。

他到儋州后上书宋哲宗说："臣孤老无托，瘴疠交攻。子孙恸哭于江边，已为死别；魑魅逢迎于海上，宁许生还。"又写过诗歌"登高望中原，但见积水空。此生当安归，四顾真途穷"，对往后的人生是很失望的。

悲怆之下，所幸有小儿苏过相随。养儿防老，其实是一种幻想，但如果老来真的有儿女相伴，真是人生的福气。大多数孩子长大了，都放飞了，不会待在父母身边的。苏过是一个例外。

苏过内心是平静和安稳的。在这几个儿子中间,他受陶渊明的影响最大,因为父亲带着他隐居过、实践过。他喜欢陪着这个有趣的、永远有才华和乐趣的父亲。

东坡写过《和陶游斜川》,苏过就写《次陶渊明正月五日游斜川韵》。父亲写什么,他就和什么。这样的儿子,也是绝好的人生相伴者,甚至比伴侣还伴侣。

苏过给自己取名"斜川居士"。我认为,最得东坡思想真传的可能就是他。他的文章也是兄弟三人中最好的。

有这个年轻人在身边,东坡的内心也康复得很快。他渐渐适应了在海南的生活,甚至还马上赞叹起来这样的日子——"我本海南民,寄身西蜀州。忽然跨海去,譬如事远游。"

苏过经常劝慰他的父亲。在给父亲贺岁的诗歌《大人生日三首》其二里写道:"天定人难胜,诚哉申子言。不须占倚伏,久已恃乾坤。"

意思是,春秋时晋太子申生遭晋献公宠妃骊姬陷害被迫自杀,死前说天定人胜难,将自己的死归于天意。苏过借这个典故,是跟父亲说,被贬是天意,而不是人力所为。不必太过纠结难过。在儋州没必要探究是祸还是福,时间长了,天地可以证明您的忠心和功德。

并以"勿叹乘桴远,当知出世尊",化用孔子说的"道不行,乘桴浮于海",劝父亲贬居海外只当是远离尘俗,可享出世的高贵。

其实,教子无他,言传身教一直带在身边的人,灵魂是相通的。更新自己的知识体系,懂得用充实的内容填满在一起的时光,那其实也是所有人与人之间相处的秘诀。

人间珍贵之处,不过就是传承精神。精神应如山一样坚,如水一样韧。

参考文献

[1] 林语堂. 苏东坡传 [M]. 长沙：湖南文艺出版社，2016.

[2] 李一冰. 苏东坡新传 [M]. 成都：四川人民出版社，2020.

[3] 王水照，崔铭. 苏轼传 [M]. 北京：人民文学出版社，2019.

[4] 张炜. 斑斓志 [M]. 北京：人民文学出版社，2020.

[5] 衣若芬. 陪你去看苏东坡 [M]. 北京：商务印书馆，2020.

[6] 苏轼. 东坡志林 [M]. 福州：海峡文艺出版社，2019.

[7] 苏轼. 东坡易传 [M]. 北京：中国书店出版社，2018.

[8] 陈迩冬，郭隽杰. 东坡小品 [M]. 北京：当代中国出版社，2018.

[9] 苏东坡撰，石海光评注. 东坡诗话：中华经典诗话 [M]. 北京：中华书局，2019.

[10] 王水照. 苏轼研究 [M]. 上海：上海人民出版社，2019.

[11] 比尔·波特. 一念桃花源 [M]. 北京：中信出版社，2018.

[12] 费勇. 人生真不如陶渊明那一杯酒 [M]. 杭州：浙江文艺出版社，2017.

[13] 包弼德. 斯文：唐宋思想的转型 [M]. 南京：江苏人民出版社，2017.

[14] 周生杰. 论苏轼的藏书活动与藏书利用 [J]. 徐州工程学院学报（社会科学版），2021（2）.

[15] 林芷茵. 苏东坡的母亲 [J]. 家庭教育. 1998（Z1）.

[16] 李生春. 说东坡酒经 [J]. 史话，1995（3）.

[17] 李平. 苏东坡杭州救灾治理 [J]. 生命与灾害，2012（4）.

[18] 李景新. 苏东坡居儋时期的养生理论与实践 [J]. 中国苏轼研究，2019（2）.

[19] 卜庆萍. 苏东坡论长寿之法 [J]. 现代养生，2020（4）.

[20] 刘开国. 苏东坡山水情怀的三种境界 [J]. 黄冈职业技术学院学报，2019（6）.

[21] 程郁缀. 苏东坡与秦少游交谊浅谈[J]. 文史知识, 2020 (10).

[22] 阮忠. 苏过海南"志隐"论[J]. 海南师范大学学报（社会科学版）, 2020 (2).

[23] 刘斌, 张云霞. 苏轼"诚"的经世指向[J]. 山西高等学校社会科学学报, 2021 (5).

[24] 戈逸. 苏轼道家思想中的合理情绪治疗资源[J]. 大众心理学, 2018 (6).

[25] 徐建芳. 苏轼的"命"观[J]. 理论月刊. 2016 (10).

[26] 孙赫男. 苏轼的女性观念与其禅宗意识[J]. 社会科学战线, 2018 (7).

[27] 贾喜鹏. 苏轼的生死观略论[J]. 韶关学院学报社会科学, 2007 (7).

[28] 李瑞卿. 苏轼的象外之象及其显象赋形范式[J]. 艺术学研究, 2021 (2).

[29] 熊泽文, 章晓琴. 苏轼对管仲军事思想的继承和发展[J]. 乐山师范学院学报, 2011 (10).

[30] 余盛泽. 苏轼高瞻远瞩的军事思想[J]. 洛阳师专学报, 1997 (3).

[31] 吴福秀. 苏轼黄州劳动生活诗的文化意义[J]. 湖北师范学院学报（哲学社会科学版）, 2014 (3).

[32] 唐瑛. 苏轼军事思想转变原因初探[J]. 乐山师范学院学报, 2011 (6).

[33] 陆庆祥. 苏轼情本哲学论[J]. 乐山师范学院学报, 2011 (7).

[34] 彭文良, 杨基瑜. 苏轼侍妾王朝云死因考[J]. 黄冈职业技术学院学报, 2017 (6).

[35] 彭文良. 苏轼所患疾病考[J]. 兰州教育学院学报, 2015 (3).

[36] 姜春霖. 苏轼享乐主义的浪漫情怀和苏格拉底个人主义的浪漫情结[J]. 安徽文学, 2011 (3).

[37] 蔡正发. 苏轼与白居易比较研究[J]. 思茅师专学报, 1995 (1).

[38] 尚永亮. 苏轼与白居易的文化关联及差异[J]. 中国人民大学学报. 2010 (1).

[39] 赵秋嘉. 苏轼与米芾交游述论[J]. 书画世界. 2019 (7).

[40] 何晓苇, 邹晓玲. 苏轼与王安石军事思想比较研究[J]. 乐山师范学院学报, 2011 (6).

[41] 喻世华. 苏轼在江苏的行迹以及遗迹开发、研究现状——以大运河为中心[J]. 江南大学学报(人文社会科学版), 2019 (3).

[42] 郭怡. 苏轼作品中"月"意象研究[J]. 名作欣赏, 2021 (1).

[43] 申东城. 王阳明心学与早年郭沫若同苏轼思想的承变关系研究[J]. 郭沫若

学刊，2015（1）.
［44］向文凯. 王朝云：苏东坡患难中的红颜知己［J］. 文史博览，2009（11）.
［45］洪本健. 论苏轼文对欧阳修的效法与超越［J］. 福州大学学报（哲学社会科学版），2016（4）.
［46］张佩. 论欧阳修、苏轼的"斯文"道统［J］. 理论月刊，2013（8）.
［47］何玉兰. 略论苏洵、苏轼史论散文的艺术特色及价值［J］. 乐山师范学院学报，2016（2）.
［48］吴彩虹. 论苏轼秦观贬谪心路历程及词境［J］. 名作欣赏，2018（24）.
［49］张守仁. 苏东坡的画［J］. 北京文学，2017（8）.
［50］梁益屏. 苏轼苏辙的兄弟之情及对苏轼文学创作的影响［D］. 宁波：宁波大学，2012.

后记

苏东坡,是我生命里的"找圆"

我觉得,我们的生命,其实都是在找圆。有时候看到一个圆,你会很开心,比如圆月。

跟苏东坡相关的人事物,对我来说就是一个圆,可以产生很多与人、与世事的连接。生命的某些部分变得有机、碰巧、有缘起来。

写完这本书之后,我去了一趟章堰村,它在上海青浦区重固镇。这座拥有千年故事的古村落从唐宋时期起临水而建,章粢、苏东坡、米芾等都在诗文中提到此处。

我辗转一个半小时来到章堰村文化馆,当时正处于闭馆时期。还好偶遇了当时正在值班巡视的、参与过章堰村改造的镇里领导,才有机会一起看了看馆藏。

对,就是这么巧。我相信是我的赤诚和纯粹在起作用,也是因为苏东坡在暗暗相助。他在指引我,在我熟悉的城市找他的痕迹,而不必去远方。

设计师琚宾给我们上过课,所以,我一直想来看看这个获了国际大奖的设计。他按"生存、生长、新生"的概念,对清朝留下的老房子进行改造。妙笔在于,让老墙在外,白色的新墙感觉是从老墙里自然长出来的。

章堰村文化馆里,自然有苏东坡的不少痕迹。里面解释道:"章粢勤学习爱思考，在他章堰的居宅里，有一间书斋，名曰'思堂'。他常说，'我愿朝夕于斯，凡吾之所为，必思而后行。'为此，他请好友苏轼为他写了一篇《思堂记》，苏轼欣然命笔。抒发了一席关于'思'的感慨。如今，九百多年过去了，章粢的'思堂'已不复存在，但苏轼为他写的《思堂记》，依然完整无缺地保存在1990年新版的《青浦县志》里。"

章粢，字质夫，北宋名将、文臣，率军大败西夏，边功"为西方最"，《宋史》称夏从此"不复能军"。

苏东坡和章粢到底是什么关系？根据学者孙春艳的研究，嘉佑二年（1057年），苏东坡与章衡同科考试，分列一二，章衡为章粢族侄，苏章二人交往。宋神宗熙宁十年（1077年），苏东坡作《章质夫寄惠崔徽真》诗；元丰元年（1078年），苏东坡为章粢写《思堂记》；元丰四年（1081年），章粢向苏东坡求琵琶词，苏东坡应章粢之请求，作了《水调歌头》（昵昵儿女语）；苏东坡与章粢在惠州时期交往颇多，章粢是广州守，苏东坡被贬惠州，两人离得非常近，章粢给予了苏轼很多生活帮助，比如送酒（《章质夫送酒六壶书至而酒不达戏作小诗问之》）。

苏东坡在《思堂记》说，章粢取名"思堂"之意，在"凡吾之所为，必思而行"，特意请他"记之"。然而苏东坡感叹自己是"天下之无思虑者也"，追求"不思之乐"，不处而静，不饮而醉，称这种率性本真的快乐实在"不可名也"。真喜欢这纯粹的感觉。这是他在乌台诗案之前所作。

上海有"青龙三鸿"，除了苏东坡，还有米芾和梅尧臣。

苏东坡在乌台诗案之后被贬谪到黄州，米芾不惧牵连风险去拜访他。东坡劝米芾在书法上应取法直追晋法，米芾早年只学唐人、近人，听了东坡的建议，才开始了风格转化。在后人的评价里，实际上米芾跟很多官场中人的交往都是功利为主的，他一生官不过七品，一直在权贵中求取机会。只有跟东坡的交往关系，是米芾内心的一块"圣地"，不容利益和世俗去污染。东坡和米芾两人一起引领了北宋的尚意书风。

米芾在黄州探望苏东坡前后，30多岁，在青龙镇，做了"治事"的官员，一般认为是"镇监"。来青龙之前，30岁的米芾曾一把火烧毁了自己所有作品，与前半生告别。这也与他听东坡建议风格转化时间相符。（宋·曾敏行《独醒杂志》载，米芾自述"年三十为长沙掾，尽焚毁已前所作"）米芾一生官途不顺，但对书法如痴如醉。

还有梅尧臣，他就是把苏东坡的科考文章选出来的人。他被称为宋诗的开山鼻祖，与欧阳修并称"欧梅"，其作诗追求平淡之美。他写下了可算第一部青龙镇"镇志"的《青龙杂志》，称镇上"有三亭、七塔、十三寺、二十二桥、三十六坊，时人比之杭州"。从《宋会要辑稿》所记北宋熙宁十年（1077年）各地商税可见：青龙镇上交商税15879贯，位列全国第五。青龙简直是个神奇的地方。著名历史地理学家邹逸麟1980年发文提出青龙镇是"上海地区最早的对外贸易港"。

梅尧臣一生也是仕途波折，到了晚年是全国科举考官，他选出了出类拔萃的苏东坡的文章，主考官欧阳修惊叹，以为是自己学生曾巩的，才避嫌判成第二名。而状元给了谁呢？章衡，就是章惇的族侄。

这些人，就是这么巧合地组合到了一起。我总觉得，人冥冥之中关注的那些人、那些力量、那些精神，会以某种形式在现实中组合起来，让人有思想和精神被打通了的感觉。

人类永远在自我储存，因为知道自己总是会遗漏、遗忘，所以总有一天，有些地方会被重新记得，有些地方会重新开发。兜兜转转，总能遇见，总能相逢，生命其实都是缘，在找圆。所以，真的不必在乎一时的得失、悲喜。新的生机，新的你，新的内容，都在不远处等你。

东坡心药

处方	功能

一、爱上睡觉，换着法儿反复歌咏它、赞颂它、爱它、崇尚它，因"春宵一刻值千金"。

二、即使死亡就在眼前，苏东坡也睡得着，那是天赋，是真正的通透。也说明，心思细密、敏感、严谨的人也可以心大。

三、怎么样都睡得着，那是天然的想得开，真正的想得开。恩恩怨怨可以放下，人间事不过就是人间事。

四、若没有天赋，开发一套自己的流程和仪式，如东坡的六步法，重点选个姿势提醒自己再也不动，这是基于戒定慧机制。人若不能控制身心，便不能控制自己的灵魂。

五、我们要好好地感谢自己的每个细胞和器官。用研究工作、项目的精神，研究自己，身体是有按钮的。

六、如梳头，"假寐"等，与自己的身体按照自己设定的方式，定点定时定量地进行沟通。

功能：治失眠

东坡心药

处方

功能

一、困在问题里的人，应该多劳作。理念世界和双手劳作的世界，应该相互切换。

二、因时因地制宜研制一张张食物秘方，一种种酿酒秘方；配以诗文，让饮和食带着特别时空的生命情感，也是生活的意义。

三、中餐就是个搭配创新的事儿，食材之间是有化学反应的。

四、给每一样东西都赋予意义，做个意义点缀师，让普通的东西文艺化，增添鲜活的生命。热爱生活不如从食物开始。

五、聪明人一般是可以设想、推算自己大部分遭遇的，料不到的事情，才会令人惊诧，并产生一些不可思议的效果。在料不到的好事和坏事里，学会修身养性、发明创造、发现乐趣。

六、每个地方有不同的食材、不同的酒、不同的故事，可以记录某段生命时光的特征和意义。

七、人可以在步骤、工序里置入创造力、心思、生产力和传统。

食酒疗

处方专用

东坡心药

处方 | 功能

一、无论遇到什么事，告诉自己，苦和乐都是有一定的量。反复确认这一点，可以淡定不少。

二、羡慕和畏惧其实都是自己的内心戏或者说是心病。还不如反向思考，将苦事当作乐事，把乐事当作苦事。

三、解决问题的方法和技巧，是一颗在岁月中可以一直淡然处之的低能耗之平常心。低能耗的心，对自己对别人对环境，都环保。

四、欲望大了，压力自然也大了；而压力大了，欲望会变得更大，所以需要更多的地方去发泄、去安放。明白这个机制，就不要给自己施压太高，否则会激发内心的魔兽。

五、中年人的所有问题，都是个人发展的问题。男女一样，都得靠自己的精神力量挺过来。从中年开始，才真正知道精神独立的感觉。

六、当信任体系崩塌的时候怎么办？大概就是从理性出发，去扒拉出可以利用的琐碎的力量，集中起来为我所用。感性上可以不需要别人提供情绪价值，理性上则必须向社会关系求助。

功能：慰心态

东坡心药

| 处方 | 功能 |

一、作为中年人的自觉是，必须有点积累，绝不能靠杠杆生活，更别提是高杠杆。量入未出，慎用杠杆，财富是生活的可持续方式，要有预算与仪式。

二、如果得到让人难过，不如不得到；如果失去让人舒服，不如就失去。

三、苏东坡预算、捐黄金和焚券返屋，是对财物有仪式感和敬畏感，才能做出超越它的事情来。

四、善理财，是指尽情拥有，尽情失去。"大开大合"之下，才有奇迹和境界。

五、不守财，以善念对待财富，这样得失感就不会那么重了。

善理财

东坡心药

处方

一、有连续创业的准备，是应对和适应常常得到又常常失去，失而复得又得而复失的不确定性时代的生活的必需意识。

二、读苏东坡，总有一种感觉，他总是不停地在创造、建造，但总是留不住，保不住。在这种情况下，很多人会患得患失，而他却是越来越不在乎身外之物。

三、钱财乃身外之物，什么时候都可以从零开始重新再来，唯有此生不复再现的情感不可辜负。事业和感情也可以重新开始，经历了那么多，依然保持纯粹和炙热，那岂不是更珍贵？

四、我们才中年，正是实现连续创业的时候。年轻时期创的业、成的家，也许一切都可以重新开始。重新开始是需要平常心的。

五、人生就是个不断修行的过程，不断接项目和任务的过程，不断闯关和迈槛的过程。怎么办呢？只能不断创业、创新、创造。那么，谁做出这些动作呢？心！

六、红尘万丈，只有自己有坚硬的内核，吸收属于自己的阳光，才能去创造拥有这个内核的一个又一个的美好果实。

功能

连续创

东坡心药

处方

一、在某个特定阶段，你所遇到的人事物的某些闪着光的东西，定能启发你、照耀你。人生就是某种平衡。当你处于未知的环境之下，或许你就能找到更加确定的自我。

二、苏东坡是耕种自济，我们在现代社会则可以打很多份工，自己的主业、副业、零碎的兼职、节流理财，都可以。

三、养生自保。健身养生，自律节制。身体是青山，情志是绿水。

四、记录时代，记录个人变迁。有叙述习惯也许可以拯救自己无边的痛苦。

五、读书睡觉，可以愤怒但不要抱怨。要低调生存，少说多做，慢慢摸索人生新的活法，重新建立起对人事物的信任。这也是一种韬晦韬自存。

六、接近和学习研究和实践超级统一、表里一致的人。这种人物活得纯粹、活得坚持，接触他们就如自动链接了生命力、学习力。

七、要学会放下，若是放不下，人生就空不出来容纳新的东西。

功能

转绝境

东坡心药

处方	功能
一、练一练苏东坡的养生诀，重点是盘腿静坐、叩齿、内观五脏、心里大放光明、气入丹田、调整呼吸、舌抵唇齿生津、搓脸四肢手心足心、梳头……	抗衰老
二、要像苏东坡有芡实、麦冬、板栗、姜、茶等固定养生伴随物一样，要有自己的药食同源的日常方法，美容养颜抗衰。	
三、断食、轻断食，可以治疗痔疮等病症。丰富之时，匮乏也是良药。	
四、像苏东坡自己研究苍耳一样，自己研究护肤品。护肤品也是人们的日常，要有感情。	
五、一般医术高的人，通常不能明白更深的道理；儒者能明白更深的道理，通常却缺乏实践经验。苏东坡善于从典籍及与友人的交往中积累大量可以应用的知识。从各行各业的朋友那里学习他们保持创造和年轻的办法。	
六、让自己什么都懂一点，也是一个获得自由自适的方法。可深可浅，保持开放，人生哪里都应该通，才不至于有死胡同。学习力是我们给自己预设的一种最灵活的部分，而在任何一个系统里，最灵活的部分最能影响大局。	

东坡心药

处方　　　　　　　　　　　　　功能：泯恩仇

一、其实恨一个人，某种程度上是简单粗暴轻松的。恨是一种非常直接、想都不用想就汹涌而来的情绪。人生在世，在于不只用线性思维、简单情性地随意推导，率性而为，而始终是要留有余地，供一些情节自动迂回流转。

二、我们讨厌复杂的思维和复杂的感情，喜欢简单粗暴地表达轻松和坚决，这其实也是一种逃避现实。注意，人为因素比客观因素更能扰动人的心绪。

三、所谓放下，是放下当下的断定。不必执意要一个结果。

四、随着时间变化、事情的动态发展，各自人生际遇的改变，也许没有什么是沟通不了、放不下的。

五、人与人之间的关系并不是由一个人决定或两个人决定，只能任凭造化作弄，你唯一的办法就是平和、看淡。

六、严重的事情发生了，不要着急，就胜利了20%-30%。

七、天底下没有什么真的好人和坏人，但你眼中依然可以无一坏人。如东坡一样。

八、时代和命运困住人，能解开的关系还是尽量在此生解开吧。多沟通，多放下，其实感觉是更大的势力和格局在左右人与人之间的关系。

东坡心药

处方	功能

医孤独

一、解脱并不是遁入空门，把家人和社会弃置不顾，只管自己修行。"真正的解脱，只不过是在获得了精神上的和谐之后，使基层的人性附属于高层的人性，听其支配而已。"

二、如果感觉到自己命运多舛，如蝼蚁，如羽毛，如草芥，千万不要就此沉沦下去，应该马上给自己加一点乐观和豁达。

三、中年人，要面对的不是向上走或向下走的趋势判断或者命运分野，而是什么时候都有积累、有建造，如果有亏欠就去补，来得及。

四、洗身、洗心，可以反思自己的过往，改过自新。求助于僧佛之时，如果有功利之心，那便是想改掉身上的习气，重新做人。

五、苏东坡刚被贬黄州时居无定所，寄居在安国寺，他每个月用热水洗一次头发，休息一会儿之后，欣赏寺里的竹林，忘掉红尘滚滚和飞天荣辱，然后安静地回到自己的居所。他享受孤独。

六、当你痛苦、孤独的时候，并不是说非要去信佛，进而求得什么，而是可以视作是思维里的大美好。虽然很难真正地领略到，但至少你有会思考它的时间和空间，便于你排遣孤独和虚空。

东坡心药

处方

一、有时候，特别想珍惜一些东西，可是已经来不及。在人生中，这种遗憾的感觉特别难以处理。心理学可能也帮不上忙。只有化作诗词书画剧本等作品这种方式，才能把人生遗憾的感觉像酿酒一样处理，等待时光后来的释酿。

二、苏东坡有"诚法"。没有一个人不是好逸恶劳的、乐富贵羞贫贱的，喜欢的事都会主动做，不喜欢的事就避开。这并不是"乐之"，也就并不是"诚"。有些事情，要"反其本而思之"。诚是一种甘愿做不喜欢的事的态度，允许此生有缺憾。

三、当遗憾感和无助感出现的时候，必须知道马上要停止这种想法，至少是节制这种想法，不要让这种情绪蔓延下去。遗憾不能反复在脑海中如潮涌，一涌来就切换场景，切换不了就多切几遍。

四、留着这种"中年沧海桑田"刑罚的威力，要对自己狠一次、要让自己重试一次，然后视遗憾和无常，为自己的力量，带着这股深深刻在人生中的力量，奋起。

五、无常，也蕴含着深刻、反思、新生。我们剩余的生命，应该像东坡一样预习复习各种各样领域里的挑战。

六、我们终究会把自己变成什么都会自己做的人……现实中，最好也自己什么都会。这样，无助的时候，有人帮你最好；没有人帮你，心也是平和的。那是真正的随遇而安。

功能

疗遗憾

东坡心药

处方	功能

治困顿

一、人类的悲欢不相通，其实还是在于自己的世界太小，把自己却看得太大。把自己的世界变大，是可以对别人的境遇感同身受的。

二、在太小的空间里发挥着自己，这样的自己就像酒精，终究会蒸发殆尽。提醒自己，困就是小，顿就是停。不小，不停。

三、东坡写"团团如磨牛，步步踏陈迹"。他不知道自己的命运为何重复再重复，贬啊，升啊，贬啊，升啊，贬啊，再贬啊……都习惯了。这都是重复性的命运。与其重复，不如灭亡。有时候，就应该画一个明确的休止符，至少在心里。

四、在谁都不愁吃穿的时候，谁能更好地处理好自己的心绪，安放好自己的情绪，真诚面对所有的起伏，就是盛世里的处变不惊。

五、人的生命其实都是在打铁铸钢。抵抗的是两种完全不一样的生命状态，即枯燥无味和变幻无穷。

六、我们的感情，终究都不牢靠，还是要靠自己如钢的时间雕塑活着，雕塑的要诀就是注意每一刀、每一划。这就是对付枯燥、无聊的方法吧，格物致知。背诵、记住每一个字、每一个细节。不要复制粘贴，而要手刻、心刻。

七、早起、晚睡，把每一天的时间拉得非常长，里面塞满了很多的内容，而且越来越标准化、格式化、仪式化，就是在治疗浑浑噩噩。

八、越忙越精致，越虐越高级，越潇洒越小心，越困顿越安适。

东坡心药

处 方	功 能

功能：愈失控

一、东坡一生几乎没有一个稍长一点的居住地，真是不系之舟，但他总是细细考察，赶紧做事。他办事效率极高。到登州短短五日，就写了诗篇和奏折。不停辗转，工作效率又极高，幸福和痛苦层层叠叠地涌来，他都接得住，这绝对能适应现代社会及互联网节奏。

二、忙碌是好的，忙碌是占领现实、稳定自己的方法。忙碌起来，一定程度上可以治愈失控。

三、中年危机感谁都会有，总想理出一些新生机来。但是人要准备一些事、储备一些人缘，得好多年，是急不来的。一味忙碌和努力奋斗也求不来自己想要的结果。

四、真的不能坚持之时，或者真的让你不得不卸下那种曾经你以为很重要的角色和责任时，问一问自己："此间有甚么歇不得处？"情绪失控时，自己设定一个结束机制，休息不动，不然容易伤人伤己。先要留出一个时间，做一些让情绪安定和清空的事儿。对自己和对别人都一样。

五、在冲破被摆弄感的时候，人应该形成一个习惯，经常整理自己，理论化自己的胡思乱想，形成一种自我笃定的概念、信仰，包裹进自己的所有思想锤炼过程。这是治理失控的好办法。

六、应该"妙算毫厘"，甚至能够预测他人的行为和心理变化；"得自然之数"，人的生活有时候应该文艺化一点，获得自然的感应和启发。

七、不要当个资源利用最大化的经济人、有用论的社会人，而是应该当个哲学人和全人，才懂得节制自己的无情、绝情和滥情。

八、君子可以"寓意于物"，而不可以"留意于物"。性情需要节制，跟执念要说一千一万遍"拜拜"。

东坡心药

处方

一、人生是瞬间的意志改变的。爱、恨、生、死，其实都是一瞬间的命运经由人的意志做的决定。

二、成毁须臾之间，谁为喜愠？人不必为了自己的挫折和别人的胜利而不安。人活的就是一个自我长期认可自己的感觉。

三、人的外在命运是天意、父母、环境带给你的，而内在命运就是你自己的欲望、愿景、价值和使命了。不安是因为你的内在命运不笃定。要寻求自己的笃定感。

四、勇于接受因果。安然接受自己的不幸，祝福别人的幸福。不再被自己和别人的情绪所影响。此心安处，是吾乡。

功能

愈不安

东坡心药

处方　　　　　　　　　　　　功能：治颓废

一、人生不可逆，用什么去填补巨大的裂缝？只能在这个山头向往事作别，彻底地作别。人要修复的，不是事情、关系本身，而是修复自己。让自己重生，没有第二个办法。

二、我们这个时代，还追求爆款，但世事又不是衣服，款式并不是本质。款式也许是妖孽一样的表象和载体。脱开自己的兴衰荣辱的外衣去看待世事，才能看得清。

三、苏东坡彻底改变了词，豪放词的诞生，可能是因为他想治疗自己的颓废。只有完全不一样的东西来刺激生命，才可行。创造吧！革新吧！在无聊和痛苦里待得太久了，该觉醒和创造了。

四、很多贬谪中的士人经常是租房子住的，因为随时准备要走。只有东坡，尽管经济条件不好，他还是竭尽全力要安家，做长期打算。这才是真正的四海为家，长期主义也治颓废。

五、当你的生活方式是由内而外的，从内心的想法去做事、去付出的，那么你就能随遇而安。如果你的生活方式总是受环境、事业和家庭压迫内心的，那不可能随遇而安，那是心如死灰凑合过。尽量按自己的想法笃定地活着吧。

六、不要"以声色自遣"。人最后放松了自己的戒律，会有大把虚幻的世界自动涌来。默许无穷的烦恼会榨干健康与激情，所以不能任凭自己颓败下去。

七、东坡写的"千里孤坟无处话凄凉"，不是说他自己无法诉说凄凉，是说王弗无法说……东坡多懂人心啊！难过的时候，我大概会想，这是一段必经之路。只能熬着。过不了多久，自在的感觉会回来的。

八、不是你信不信命，人就只有一生一命。该付的代价一定要提前付好。什么叫提前付好呢？就是给它一点溢价、多付一点，不然以后会付出更多。

东坡心药

处方　　　　　　　　　　　功能

一、东坡云"追思曩时，真一梦耳"。回想往事，也就是一场梦。做了一场又一场梦，还没收拾就已经消失殆尽了。人生，几年就是一大变了。要适应。自古就是如此，而不仅仅是在这个信息爆炸的时代。

二、"浮屠不三宿桑下者"，佛教徒不能在一个地方常住。人本身就要练习无常。

三、人生虚空，修行时看淡生死的境界，得向生死地走一回，这抵得上三十年的修行。

四、活着是需要斗志的，也是需要境界的。人无法平衡很多事，平衡是很少的情景下达到的，大部分时候我们要承认自己在失衡状态，有太多需要做的心理运动了。

五、东坡的"战于内"，强调人心如果处于无心状态，就能顺应自然，淡然自若，独立自足。静、柔、阴、虚达到无心。

六、面对问题，就想解决它的时候，会让人兴奋不已。当这种感觉面对残破的人生的时候，就像一个满是洞的灯罩，会让光明按某种无序透出来，仿佛是一种预示。

七、人生就应该不断建啊，造啊，教啊，治啊。各种东西需要经营。

八、把自己当个载体，不要当成一个命运，载体的作用就是繁殖智慧、勇气、辨识力和力量。我是我，我也是旁观者，我也是通道，我也是渠道。所有多余的感情、纠结、悔、恨，都可以放下，我只是一个输入者和输出者。一切干干净净，无牵无挂，这种境界，也挺好的。

疗虚空

东坡心药

处方	功能

一、苏东坡认为，变化之所以会发生，并不是因为背后有什么驱动力与呈现者，而是因为"形象"生成，变化就自然呈现了，比如风云变幻。人生，不用怀疑，不用纠结，不用故意找意义，就顺其自然。

二、上天如果有安排，那最简单、最持久的人生布局一定是"随物赋形"，心物遇合。东坡说"用息功显"，在某种虚无的自由中形象自现、变化自成。这个感觉真好。莫强求，莫强求。

三、高手之所有成为高手，都是因为他们偷师。用所有时间去沉浸去学习，而不是在程序上、仪式上、固定时段去学习，是整个人投入到创作之中去学习。

四、其实，这世间风风雨雨太多了，习惯自己一个人避也就习惯了。不必怀疑自己自给自足的能力。全然接受，全部负责。

五、风风雨雨算什么啊，最后还是可以清空一切，自由自在，没有纠结，没有缠绕，想做什么就做什么。

治怀疑